¡Renuncié y gané!

Historias, estrategias mentales y acciones prácticas para despertar tu carrera y reinventarte con éxito.

Diciembre 2024

ISBN 978-84-09-67365-0

Agradecimientos

A todos y cada uno de mis clientes, aquellos que se volvieron amigos y a los amigos que se convirtieron en clientes. A todos mis alumnos, quienes me han enseñado más de lo que yo he podido enseñarles. A mis colegas, coaches y consultores, por ser mis guías, prescriptores y una fuente inmensa de inspiración. A mis profesores, desde aquellos que me enseñaron lo más pragmático de las teorías económicas y la PNL, hasta los más holísticos que me han revelado la esencia del mundo.

A mi familia, pareja y amigos, quienes siempre han apoyado mi crecimiento, transformación y han respetado mis procesos. A mis mentores y propulsores, por creer y confiar en mí, incluso cuando apenas comenzaba mi carrera. Y a aquellos que ya no están en mi vida, por todo lo que me enseñaron.

Contenido

Introducción

¿Y tú que quieres hacer?

¿Te han hecho esta pregunta? ¿Te has hecho esta pregunta?

Muchos se acomodan en trabajos en los que se queman intelectualmente, o se someten a reglas absurdas, porque no creen tener otra opción. Porque no nos han educado para ver otras opciones.

La cantidad de personas que experimentan agotamiento (burnout), enfermedades cardiovasculares, diabetes, depresión y otras enfermedades, como resultado de la carga de trabajo que tienen, es realmente aterradora.

Pero lamentablemente no es de extrañar, ya que muchas personas simplemente hacen lo que "debe hacerse", porque la familia y la sociedad esperan algo de ellos. Pero muy pocos realmente se preguntan: ¿qué hay de mí?, ¿qué es lo que realmente quiero hacer?

Pocos realmente despiertan y se permiten romper los paradigmas y estructuras que los dominan.

¿Qué patrones pueden estar dominándote?

¿Qué no te estás permitiendo? ¿Lo has pensado?

Los cambios en los modelos económicos, las automatizaciones, la tecnología y la inteligencia artificial están modificando radicalmente los puestos de trabajo y desplazando talentos y recursos. Desafortunadamente, no hay garantía de reubicación, ya que casi nadie se prepara para esto. La mayoría de los trabajadores en el mundo corporativo están formateados para "hacer lo que siempre han hecho".

Y, de nuevo, nadie les pregunta: y tú, ¿qué es lo que realmente quieres hacer?

¡Y no es fácil hacerse esa pregunta!

En mi experiencia como coach profesional, creo que a lo que más temen las personas es a la respuesta. Es darse cuenta de que lo que hemos estudiado, trabajado y construido no es necesariamente lo que nos hace felices. O darnos cuenta de que lo que realmente queremos parece no tener futuro, o ser "imposible" en donde estamos, o en las situaciones en las que estamos.

Todos estos pensamientos son solo creencias limitantes que no nos permiten avanzar. La realidad es que el mundo sí está lleno de posibilidades, pero debemos aprender a ver más allá de lo que conocemos y de lo que nos dicen.

Y tú, ¿cuál es tu historia? ¿Qué te pasa hoy que te motivó a comprar este libro?

Tal vez no lo compraste, pero alguien te lo dio, porque "realmente lo necesitabas". Si es así, ¿qué es lo que te está pasando?

Nada mejor que la honestidad como base para emprender nuevos caminos. Los cimientos más sólidos se construyen cuando nos permitimos tomarnos un tiempo para reflexionar sobre nuestra situación actual, dónde estamos y hacia dónde vamos.

Tal vez actualmente estás buscando una carrera que te satisfaga más, ya no te sientes feliz en tu trabajo, o nunca has sido realmente feliz, o ves que el mundo está cambiando, y esas tendencias indican que tu puesto cambiará también, o incluso ya no existirá. O tal vez simplemente sepas que puedes ser y estar mucho mejor, y que podrías hacer lo que realmente amas, sin importar dónde estes ni cuál sea tu historia.

La realidad es que cada uno de nosotros llevamos la luz adentro.

Tenemos un potencial inconmensurable, y no hay razón para reprimirlo. La economía y el mundo laboral actualmente nos presentan más opciones que nunca. Es hora de despertar y permitirnos vivir plenamente, ofreciendo lo mejor de nosotros, haciendo lo que mejor sabemos hacer, siendo plenamente auténticos.

¿Por qué renuncié y gané?

En algún momento de la vida llega ese instante en el que parecen darse las condiciones para hacer un cambio, buscado o forzado, en nuestra carrera. Ese momento me llegó con vehemencia, escuché las señales y me atreví a renunciar a una idea, a un objetivo de carrera e incluso a una expectativa que tenía de mí, para diseñar una carrera que si tenía sentido.

Pero este momento no solo me llega a mí, nos llega a todos en algún punto de la vida.

Ya sea porque nos mudamos a otro país, o porque hay cambios internos en la empresa, y nuestro nombre estaba en la lista de despidos, o las condiciones políticas y sociales de nuestro país no parecen darnos las oportunidades que queremos, o la pérdida de un ser querido nos remueve la realidad, y hay que buscar otros medios para mantenernos y mantener a los demás, o simplemente porque no vemos el sentido del trabajo que hacemos todos los días, y tenemos la sensación de no disfrutar la vida.

Pasan muchas cosas que marcan puntos de coyuntura de tal importancia que rompen nuestros paradigmas y nos obligan a tomar la vida de otra manera, ¿cierto?

Según estadísticas recientes (Diferentes fuentes), el porcentaje medio de tiempo que una persona dedica a sus actividades diarias es el siguiente: 20% durmiendo, 15% desplazándose, entre 40% y 50% trabajando, cerca de 10 % en tareas domésticas y solo alrededor del 5% haciendo "algo que le gusta". Es decir, que la mayor parte del tiempo lo pasamos en el trabajo, nos guste ese trabajo o no.

Curiosamente, alrededor del 59% de la población activa en todo el mundo no está satisfecha con su trabajo, aun estando en una gran empresa con beneficios y la seguridad que brinda la estabilidad laboral. ¿Qué te parece?

Entonces, ¿cuál es tu caso?

¿Tú también pasas la mayor parte de tu tiempo en el trabajo y te sientes insatisfecho?

Si eres de los que piensa que esto no es justo y que te mereces más, creo que, si no estás satisfecho, es hora de reinventar tu carrera, es hora de crearte posibilidades.

Creo firmemente que es fundamental construir una carrera basada en los valores y preferencias de cada persona, donde podamos utilizar nuestros mejores talentos y habilidades, para ofrecer lo mejor de nosotros y sumar un valor indiscutible allí donde estemos.

El mundo está cambiando. Hay nuevas tendencias, la era digital, las tecnologías y la inteligencia artificial cierran puertas, pero abren otras. Así mismo, la era de la comunicación y las redes sociales ha reforzado la necesidad de conectar, y ha cambiado patrones y prácticas de determinadas profesiones.

El mundo y la economía actual realmente representan posibilidades infinitas y es importante aprender a pensar sin límites, a estirar la mente y a permitirte ver otras opciones.

Si entendemos que la economía actual nos brinda una flexibilidad invaluable, podemos ver que es posible hacer de nuestra vocación una carrera, y también es posible crear un sistema que nos lleve a generar los ingresos que necesitamos para alcanzar nuestras metas financieras.

Entonces, ¿vale la pena reinventarse?

¿Vale la pena hacer lo que te gusta y que te paguen por ello?

¡Yo creo que sí!

Escribí este libro a partir de mi experiencia y la de muchos de mis clientes que han conseguido cambiar su rumbo profesional con éxito, porque quiero ayudarte a expandir tu mente y encontrar otras formas de hacer las cosas.

A lo largo del libro encontrarás un par de indicaciones:

Reflexiona: Donde te dejo una idea o alguna pregunta para que reflexiones o incluso actúes. La idea es que este libro te sirva de guía para darle un giro a tu carrera.

Hack Mental: Una afirmación para reprogramar tu mente inconsciente y abrirte a nuevas posibilidades. ¡Vamos a hackear tu mente juntos!

Estas son estrategias mentales para llevarte de la mano. Quiero que veas las oportunidades que se presentan hoy y en el futuro, para que busques la mejor manera de posicionarte, porque me gustaría que tú, en unas líneas, te permitas entender que sí hay una forma de ser tú mismo, de hacer lo que te gusta y de generar ingresos suficientes, e incluso extraordinarios, por ello.

Estoy segura de que cambiar de rumbo a veces toma solamente una acción, y la mayoría de las veces no es una acción muy grande. Una acción que espero que encuentres en este libro que escribí con la intención de inspirarte, abrirte la mente y si, también tomar esa acción que le dará otro destino a tu vida profesional.

Al final de este libro verás que puedes renunciar no solo a un trabajo, e incluso a una carrera, sino a todo lo que te frena para diseñar tu vida profesional ideal.

Aquí te comparto los pasos exactos que puedes seguir, si realmente quieres reinventar tu carrera. ¡Porque es posible, y te lo mereces!

¿Estás listo para reinventar tu carrera?

¿Estás listo para renunciar y ganar?

Parte 1: Despierta Tu Carrera

"Cuando la voz y la visión internas son más profundas, más claras y fuertes que todas las opiniones del exterior, has comenzado a dominar tu vida." –Dr. John Demartini.

"Cuando cambias la forma en que ves las cosas, las cosas que ves cambian." — Wayne W. Dyer.

Ok, muy bien.

Entiendo que el cambio comienza en mí y en cómo elijo ver mi entorno. Al tomar consciencia y control sobre mi interior, transformo mi exterior.

Entonces, empecemos por aquí.

Capítulo 1: Permítete estar perdido/a

La importancia de "reiniciarse"

Esta era mi foto en agosto del 2013.

Me había graduado de economista en Caracas y había ido a Francia a hacer un Máster en Mercadeo Internacional y luego hice un MBA en Emprendimiento. Había trabajado en Alemania y en Francia en estudios de mercado y análisis de negocios. Todo esto con la idea de regresar a Venezuela para eventualmente montar una empresa de consultoría que apoyara a las pequeñas y medianas empresas a surgir.

La idea, en mi mente, era genial; tenía la motivación, los conocimientos, me había formado en miles de cosas, que se convirtieron en herramientas espectaculares, y sabía lo que quería. Tenía lo que los japoneses llaman el "ikigai" (propósito) muy claro: mi propósito de vida fue ese durante mucho tiempo. Estuve cerca de 7 años trabajando en ese objetivo.

Pero hubo un pequeño problema: en octubre del 2012 hubo unas elecciones en Venezuela, cuyo resultado hizo que cambiaran todas mis perspectivas. Esa nueva perspectiva se reforzó en marzo del 2013, cuando entendí perfectamente que el sistema político que se anclaba en mi país simplemente no iba conmigo. Para agosto del 2013, ya ahí no había nada que hacer.

Aquí no voy a decir si la situación era o no propicia para hacer negocios, para emprender, tampoco voy a decir que el país se dañó ni nada, porque la consciencia que tengo hoy de la vida y del mundo me permiten entender que las posibilidades son infinitas, y uno puede alcanzar objetivos en donde sea, sin importar cuál sea la situación o las condiciones donde estemos; todo depende de lo que creemos que es posible y de lo que creamos en la mente.

Pero yo no tenía este nivel de consciencia que tengo hoy; para mí, en ese momento, el mundo se derrumbó, mis planes se cayeron, mis proyectos se desvanecieron. No era negociable volver, no era negociable vivir y prosperar en un sistema que no estaba alineado con mis valores (que no los tenía completamente concientizados, pero mi inconsciente sí lo sabía).

En fin, me quedé en blanco.

Cuando termine mi MBA en agosto del 2013, la verdad es que estaba muy perdida, muy, muy perdida. Literalmente, me vi un día en el sofá del apartamento donde vivía, mirando al techo, en blanco, casi inmóvil. Y solo vino un pensamiento a mi mente: ¿y ahora qué?

Estaba en París, en Francia. Nada más y nada menos que un país que prácticamente lo tenía todo. ¿A qué emprendedor podía yo ayudar, si existían incubadoras gratis? ¿Cómo podía enseñar y guiar, si había escuelas de negocios que forman emprendedores, ayudas y asesorías del gobierno para apoyar a los emprendedores y freelancers? ¡Ya estaba todo hecho, y yo no competía con eso! (O eso era lo que yo me decía)

Simplemente no lo veía, estaba en blanco, y no veía cómo darle la vuelta a mi vida profesional, cómo reinventarme ni cómo introducirme realmente en el mercado con algo que me inspirara tanto como el objetivo por el que trabajé 7 años.

No entendía, si lo había hecho "todo bien", según las expectativas familiares y sociales.

Así que me pregunté: ¿cuándo fue la última vez que necesitaste inspiración y qué hiciste?

Y recordé la primera vez que vi la película "El secreto", ¡y lo mucho que me movió! De verdad, me emocioné mucho con esa película y con el mensaje sobre la ley de atracción. Recuerdo que hice un visual board (un tablero de visión), que mi papa llamaba "el árbol", ¡no sé por qué! Pero recuerdo que en ese visual board tenía imágenes de todas las cosas que quería manifestar en mi vida en ese momento.

Lo hice con mucha intención, creí mucho en el poder de la visualización, y realmente anclé en mi sistema de creencias que, si veía todos los días lo que quería manifestar, se iba a materializar. ¡Así manifesté mi primer carro, mi primer trabajo, algunos viajes, clases de danza árabe y hasta algún novio!

En fin, ahí en ese sofá, recordando eso, me dije: "vamos a ver 'El secreto'". Y viendo la película de nuevo, no solamente me reconecté con ese sistema de creencias, sino que vi y oí cosas que no había percibido antes. Sobre todo, me despertó la curiosidad de ir más lejos del contenido de esa película y de ese libro; que no lo critico, pero que, entiendo hoy que se quedó corto, así que investigué a los diferentes autores y conferencistas que participaron en ese proyecto. Así fue como conseguí el trabajo del Doctor John Demartini.

John Demartini acababa de publicar el libro que marcó el primer paso a mi reinvención profesional. El libro que me removió la fibra, mis sistemas de creencias, y que me permitió realinearme conmigo, con quien era en ese momento, y con mi esencia. Esa esencia que, a pesar de todo, todavía me identificaba.

Hoy doy gracias por ese sofá, por ese techo, y por haber estado en blanco, lo que me obligó a hacer "reset", a reiniciarme.

A VECES ESTAR PERDIDO ES EXACTAMENTE LO QUE HACE FALTA PARA REENCONTRARSE.

Pero yo sé que no soy la única que se ha sentido perdida, así que te invito a que me acompañes en un primer ejercicio para hackear tu mente.

Hack Mental:

Toma un momento de pausa y, si te sientes así, repítete:

"Ahora me siento perdido/a, lo acepto, pero todo está bien. Es lo que hace falta para rencontrarme."

Ariadna desalineada en Londres

Ariadna se cruzó con un artículo que escribí en LinkedIn ("Hacia la evolución profesional que mereces") y eso la inspiró a buscar mi ayuda, por allá en 2017. El artículo describía la situación en la que se encontraba en ese momento, casi como si se lo hubiese escrito a ella. ¡O eso me dijo!

Estaba un poco desesperada, hasta triste, y sentía que "toda su vida profesional había sido una completa pérdida de tiempo". Esas fueron sus palabras el día de su primera consulta.

Ariadna es una economista brillante, con dos maestrías en economía y desarrollo, y cuya carrera había girado en torno a las políticas públicas. Lo había hecho con mucho amor y mucha pasión.

Por razones personales, Ariadna dejo su país y luego de varios cambios y vueltas, se estableció en Inglaterra, donde pudo encontrar trabajo como reclutadora de perfiles en tecnología y desarrolladores. ¿Qué? ¿De economista a reclutadora de perfiles tecnológicos? ¡Con razón se sentía perdida y no encontraba sentido en absoluto a lo que estaba haciendo! Totalmente comprensible.

Perdió la confianza en todas sus habilidades y en la carrera que estaba construyendo. Sentía que lo que hacía no tenía valor y que sus diplomas ya no tenían sentido, ni valían nada. Pasaba demasiado tiempo en las redes sociales o viendo series de televisión con su novio (ahora su esposo), y esto la hacía sentir culpable todo el tiempo. Más que estar en blanco, Ariadna estaba en conflicto.

Lo primero que hicimos juntas fue identificar sus valores personales, y descubrimos que lo que realmente valoraba era la familia, lo que realmente quería era convertirse en madre. Pasaba mucho tiempo en las redes sociales, porque era su única conexión con la familia que había dejado atrás; veía series de televisión con su esposo, porque era la única familia que tenía físicamente con ella en el presente, y cada minuto con él era sagrado.

Cuando se dio cuenta de que lo que más valoraba era la familia, dejó de sentirse culpable: encontró sentido a las cosas, entendió por qué hacía lo que hacía y cómo estaba decidiendo pasar su tiempo. ¡Y esto fue un gran descubrimiento para ella!

La segunda cosa que más valoraba era el logro personal. En ese momento, ella necesitaba estar en un ambiente donde pudiera crecer y descubrir que era capaz de aprender nuevas habilidades. Necesitaba desarrollar su potencial y entender que sí podía tener una carrera diferente a la que había empezado.

En su coaching también analizamos su personalidad y la forma en que funcionaba a nivel sistémico. Esto nos permitió descubrir que ella tenía que trabajar en algo que tuviera sentido práctico, que fuera tangible y que tuviera un resultado que pudiera palpar y medir.

Cuando reunimos todo eso, pudimos diseñar una carrera que le permitiera administrar su propio tiempo, para que pudiera formar una familia y al mismo tiempo obtener logros personales. Ariadna se permitió dejar a un lado las ataduras que sentía respecto a sus diplomas y a sus experiencias previas en políticas públicas.

Supo soltar, y lo hizo brillantemente. Entendió que lo más importante no eran los diplomas o las experiencias pasadas, sino construir una carrera que estuviera alineada con su verdadero yo y que representara realmente quién era ella en el momento presente.

Habiendo descubierto sus valores personales y diseñado su carrera, toda su realidad tenía más sentido, y entonces pudo crear un plan de acción, que puso en práctica. Y lo mejor aún, ¡recientemente supe que es mamá de un bebé precioso! Ahora se plantea nuevos proyectos profesionales, que están alineados a su nueva vida, a su nuevo rol y a su escala de valores actual.

¿Quiere decir que la vida profesional de Ariadna no cambiará y no tendrá nunca más conflictos?

No, pero teniendo claros sus valores personales, ella tiene un nivel más alto de consciencia, y sabe identificar rápidamente lo que no es para ella, con lo cual puede ajustar y moverse con certeza.

Hack Mental:

Con plena consciencia de ti, en este momento te invito a que te digas:

"Suelto lo que no me hace falta, y me acepto como soy".

Capítulo 2: Lo que más importa realmente

Tus valores personales, tu base.

Ya lo vengo anunciando, entender tus valores personales es la clave para "hackear" tu carrera y alinearla con lo importante, alinearla contigo mismo/a.

Según el trabajo de investigación de John Demartini, todas las personas tenemos una escala de valores personales. No hay dos personas con exactamente la misma escala.

Aquello que está en lo más alto de la escala es lo que nos hace sentir inspirados, lo que nos da energía para ir más lejos, cuando las cosas salen bien, los que nos da paciencia y creatividad para enfrentar las cosas, cuando son difíciles. Es lo que nos mantiene en nuestra zona genio, o nuestro nivel de más alto potencial.

Mientras hagamos algo que esté alineado con esos valores en lo más alto de la escala, siempre, siempre, vamos a actuar en pro de ese algo.

Por el contrario, lo que se encuentra en lo más bajo de la escala nos hace drenar nuestra energía, nos hace estar en conflicto, no nos permite activar nuestra zona genio, con lo cual nos hace operar con baja energía y bajos niveles de vibración.

Entonces, nuestros valores personales, seamos conscientes de ellos o no, definen quiénes somos realmente, lo que más nos importa, lo que realmente queremos. Identificarlos de manera consciente es lo que permite dar forma a nuestra vida personal y profesional de una manera coherente y alineada con nuestra autenticidad.

Ajá, muy bien, pero ¿qué son los valores personales?

Como puedes ver en la historia de Ariadna, cuando hablamos de valores personales, no nos referimos a estándares sociales, ni a dogmas religiosos, ni a ideologías, tampoco nos estamos refiriendo a códigos de conducta ni paradigmas aceptados. Aun cuando estas son creencias importantes y pueden ser parte de los estándares éticos en los que te encuentras, estos no son necesariamente los valores que buscamos descubrir en este proceso. Buscamos actividades, personas, resultados -ya sean tangibles o intangibles- que consideres importantes en tu vida.

Tus valores son el origen de cada cosa que eres y haces. Un valor es algo que apreciamos realmente, algo a lo que damos mucha importancia. Eso que hacemos y nos da energía, aquello que ocupa nuestros pensamientos, en lo que más pasamos nuestro tiempo, en lo que somos más disciplinados, en lo que gastamos nuestro dinero sin remordimientos, aquello en lo que nos basamos para tomar nuestras decisiones y acciones, nuevamente, seamos o no conscientes de ellos.

No pasaríamos nuestro tiempo haciendo algo que realmente no valoramos, ¿o sí?

No gastaríamos nuestro dinero en algo que no queremos de verdad, ¿o sí?

Y no seríamos estrictos y disciplinados en algo que no nos importa, ¿o sí?

Todas las decisiones que tomas tienen que ver con esos valores, estés consciente de ello o no. Ahora bien, la magia de esto ocurre cuando tomas verdadera conciencia de lo que realmente te importa; entonces no hay espacio para la culpabilidad, ni arrepentimientos, ni juicios contra ti mismo. Siempre que seas consciente de que piensas, actúas y reaccionas de acuerdo con tus valores y que decidas desarrollar tu carrera en torno a ellos -tu verdadero yo- te sentirás inspirado desde adentro, y tu trabajo te llenará. ¡Esto es así, sin duda alguna!

¡Este es el proceso y descubrimiento más importante que se debe hacer cuando reinventas tu carrera!

Observa, los valores personales están en todas partes

La vida es mucho más simple de lo que pensamos, y podemos vivirla de forma más fluida, si vivimos más en el momento presente y observamos más. Aquí hablamos de reinventar tu carrera, pero, tú no eres disociable.

Eres quién eres y, si te conoces bien, sin juicios, te aseguro que tu vida profesional puede alinearse perfectamente con ese potencial inmenso que traes contigo. Entender tus valores personales es extremadamente poderoso. Cuando eres consciente de tus valores, también puedes despertar tu verdadero potencial. ¡Esto es un hecho!

Por eso, quisiera explicarte, quizás con más detenimiento, lo que he aprendido y confirmado muchas veces en mi práctica. Lo primero que hago con mis clientes en todos los procesos de coaching es descubrir sus valores personales. Y lo vemos no solo con un ejercicio, sino también simplemente observando los siguientes elementos:

1.   *La atención:*

Te enfocas en las cosas que más valoras: esto es lo que en psicología se llama atención sesgada selectiva. Nuestro cerebro tiene una capacidad infinita y, aunque podemos recopilar información de 180 grados que nuestro campo de visibilidad nos permite ver, no podemos prestar atención a toda la información que estamos recibiendo. Es entonces cuando el sistema de activación reticular, responsable en parte de la atención, se abre a las cosas en las que pensamos más.

Por ejemplo, digamos que eres una persona que valora mucho la moda y los diferentes estilos, y que empiezas a caminar en una calle muy concurrida. Lo que ocurrirá es que fácilmente vas a observar cómo se viste la gente, el color de su cabello o el tipo de ropa que usan. Y, si alguien viene con un aspecto particularmente original, ¡lo vas a ver inmediatamente!

Pero probablemente una persona que valora el dinero está caminando en la misma calle y, mientras que no va prestando particular atención a los estilos de las personas, puede que sí encuentre un billete de 20 euros que se dejó caer en el suelo.

Y, en la misma calle, otra persona que valora a sus hijos solo va observando a mujeres embarazadas y los niños de la edad de sus hijos. ¡Esta es una atención parcial selectiva!

Todos podemos estar en el mismo lugar al mismo tiempo, pero estamos enfocando nuestra atención en diferentes cosas, y seguro que nuestra atención se dirige hacia aquello que valoramos más, y no vemos aquello que no nos interesa.

Reflexiona:

Creo que un libro tiene poder solo si realmente ponemos en reflexión y practicamos lo que leemos en él. Así que te invito a hacer este ejercicio de reflexión, pregúntate:

¿A qué le presto más atención en mi día?

2. La memoria:

Ahora, la memoria funciona de manera similar al sistema de activación reticular. Lo que más valoras es a lo que prestas atención, pero también es lo que registrarás más fácilmente. Ojo, es cierto que las emociones también juegan un papel importante. Está probado que retenemos más rápido la información, los colores, los sabores, las formas, etc., si el momento viene cargado de una emoción importante (positiva o negativa). Pero, nuevamente, algo nos emociona si está alineado con nuestros valores, o puede ponernos muy tristes o molestos, si está en conflicto con nuestra escala de valores. Esto se llama retención sesgada selectiva.

Es gracioso cuando la gente dice que tiene una memoria muy mala. No existe tal cosa como mala memoria, es simplemente que a la persona realmente no le interesaron ciertas cosas. Y esto puede ser difícil de tragar, especialmente cuando las personas que nos importan no recuerdan las cosas que hemos dicho o que hemos hecho juntas. ¡Ups, nos pasa a todos!

Pero, en realidad, no significa que la persona no nos quiera o no se interese por nosotros, lo que significa es que los valores más elevados de la persona, que son los que determinan su memoria selectiva, no están alineados con algunos de nuestros valores. ¡Y esto no tiene nada de malo!

Entonces, cuando sientas que no puedes recordar ciertas cosas, piensa de nuevo y concéntrate en lo que registras. Porque son esas cosas que puedes recordar las que están alineadas con lo que valoras más. Ahora puedes estar al tanto de eso que valoras, y no necesariamente sentirte culpable por no recordar ciertas cosas.

Aquí me permito agregar algo, sobre todo, porque forma parte de mi crecimiento y de mi evolución a nivel de consciencia. A veces no retenemos las cosas, porque no estamos realmente presentes, viviendo el aquí, el ahora. Si nuestra mente se va al pasado, o al futuro, bueno, vamos a ser honestos, no es si la mente se va, es cuando la mente se va, ¡porque nos pasa a todos! ¿Cierto? Volviendo a la idea, cuando la mente se va a alguna idea, a algún recuerdo, a alguna conversación, etc., no vivimos el instante presente, con lo cual no vamos a retener muchas cosas de ese instante específico.

Así, superficialmente, me atrevo a decir que tu escala de valores se va a reflejar más en lo que estás pensando que en lo que estás viviendo. Porque, si tu mente dejó el momento presente, es porque lo que estás pensando, o recordando, tiene más importancia, nos guste o no, seamos conscientes de eso o no. O, para complicar las cosas un poco, a veces es simplemente el ego, haciendo de las suyas.

Reflexiona:

Para seguir indagando en tus valores personales, pregúntate:

¿Qué memorizo más fácilmente?

¿Para qué no tengo que hacer esfuerzo en anotar o agendar porque sé que lo voy a recordar?

3.   *La intención:*

Tus valores más sobresalientes determinan a lo que realmente pones intención. No tomarías acción sobre algo que realmente no te importa, ¿verdad? Cada vez que piensas en hacer algo es porque lo valoras, y, cuando lo haces, es porque es importante para ti. En algún nivel de consciencia, la decisión la tomas, porque algo de la consecuencia de esa decisión es importante para ti. Bien sea el resultado directo o el indirecto.

Uf, esto se complica, pero te prometo que sí se puede ver. Sigue leyendo...

A veces hacemos cosas que "debemos hacer", ya sea en el trabajo o en la escuela, en la sociedad en general, y las hacemos porque "tenemos que hacerlo".

Entonces, ¿qué pasa allí?

Emocionalmente puede que nos sintamos mal, que estemos de mal humor, o que nuestras energías simplemente cambien. Incluso podemos presentar síntomas físicos, enfermedades, etc. Eso significa que no estamos alineados con nuestros valores y que nos estamos forzando a algo que no es natural para nosotros.

Pero a veces puede que no sea tan evidente, o tan radical. A veces pasa que nos vemos en la obligación de hacer algo; sin embargo, no nos sentimos mal por eso. Lo que ocurre aquí es que hay otro valor personal que estamos satisfaciendo a nivel inconsciente.

¡Te doy un ejemplo ya, porque ya veo tu cara arrugada!

Tuve una cliente, Xinyu, cuyo padre era un hombre de negocios muy exitoso en Taiwán: llevaba una compañía de equipos y máquinas de logística. Naturalmente, Xinyu estudió negocios y se unió a la empresa de la familia, donde trabajó durante más de 15 años. En la primera consulta me dijo que nunca le gustó lo que hacía; sin embargo, ella dedicó sus mejores años al negocio de su papá. Como hija única, su papá estaba muy orgulloso de verla continuar con el legado.

Pero su padre murió; las cosas cambiaron y todo el negocio se vino abajo. Incluso con toda la experiencia que tenía para manejar el negocio, y que lo había hecho muy bien durante 15 años, no fue capaz de mantenerlo de pie.

En medio de la crisis, Xinyu se fue a Europa, a un viaje de reconexión, de descubrimiento o simplemente porque necesitaba escapar. Fue en París donde la conocí. Cuando vino a verme, estaba desesperada, pero, sobre todo, confundida. Cuando trabajamos sus valores personales, descubrimos que ni el trabajo ni el negocio era lo más importante para ella. ¡Bueno, eso no fue un gran descubrimiento! Era bastante evidente.

Pero lo que vimos en ese análisis fue que lo que realmente valoraba más que nada era el reconocimiento de su padre. La razón por la cual se dedicó, y lo hizo tan bien, fue porque valoraba que su padre, quien era muy exigente con ella, reconociera que era realmente buena.

Cuando él ya no estaba, era natural que ella no se identificara más con ese valor personal, así que logró hacer un espacio para otra cosa que ella valorara más, y tomo consciencia de su nueva escala de valores. En su caso, su valor más alto era cocinar. Y cocinar no tenía nada que ver con el negocio que ella dirigía, pero le encantaba. Esto lo vimos, porque, cuando ella no estaba en el negocio, siempre se ponía a ver videos y a leer sobre cocina y tendencias del mundo; cocinaba para sus amigos y familia, inventaba recetas y siempre se interesaba por el mundo culinario. ¡Nuevamente, la importancia de observar con atención!

Xinyu logró vender el negocio de su papá y dedicarse a la cocina. De hecho, estudió para ser chef en París y regresó a Taiwán, donde monto su restaurante. ¡Otra gran historia donde comprobé una vez más la magia de los valores personales!

XINYU RENUNCIÓ A UN ESTÁNDAR Y EXPECTATIVA FAMILIAR Y GANÓ AL ESCUCHARSE Y ALINEARSE CON SUS VALORES PERSONALES.

Volvió sin conflictos, si juicios, sin dudas, y además capitalizó sus competencias acumuladas en la amplia experiencia que tuvo trabajando en el negocio familiar, pero de competencias vamos a hablar mucho en la parte 2.

Reflexiona:

Todos tenemos lealtades familiares, o patrones comportamentales que imitamos de las personas con quienes crecimos, y también seguimos expectativas sociales. Te invito a que te preguntes:

¿A quién le estoy siendo fiel cuándo hago lo que hago?

¿Qué expectativa social o familiar estoy satisfaciendo con este trabajo?

¿Es mí elección o no?

Capítulo 3: Un propósito fluido

¡Tu propósito está ahí, en medio del caos, del orden, de tus juicios y de tu paz!

Hace unos años conocí a Benildo. Tenía una gran sonrisa en la cara, una motivación inquebrantable y hasta contagiosa. Es desarrollador de páginas web y consultor de marcas. Tiene una disposición y un servicio que te hacen contar con él sin dudarlo. En ese momento, en 2019, estaba desarrollando muy bien su actividad y haciendo crecer su equipo. Iba a una velocidad insuperable y con un proyecto profesional sólido y alineado con él.

Pero llegó la pandemia (covid-19) y arrasó su vida con más fuerza que el huracán Katrina arrasó New Orleans en 2005. Benildo perdió a su abuela y, a los pocos meses, a su mamá. Dejó todos sus ahorros y hasta se endeudó en su intento de salvarlas. Como cualquier ser humano, se aferró a una vía de escape y se creó su mecanismo de defensa: en su caso fue su trabajo. Trabajó por nuevas ideas, por su equipo, dejándolo todo por los clientes, por proyectos alcanzables y hasta inalcanzables, por su empresa y la de otros, por sus objetivos y por los de otros. Pero eventualmente le llegó "la factura": burnout y depresión. Tuvo que parar.

El caso de Benildo no es el único, ni es el primero ni será el último. Pero su historia, su experiencia, su percepción y sus aprendizajes y por qué le llegó todo esto en el momento en el que le llegó, sí son únicos e irrepetibles. Solo él sabe lo que vivió, por qué tomó las decisiones que tomó y qué representa para él ese cambio en su vida y el haber tenido que parar brutalmente su trabajo y todo lo que venía construyendo.

En proceso de salir de la depresión, y de levantarse poco a poco, empezó a encontrar momentos de paz, momentos en los que se sentía más tranquilo: yo los llamo momentos de lucidez. Como, cuando está nublado, y de repente entra un rayito de sol e ilumina un rinconcito oscuro. Esa luz que hace una diferencia monumental.

Benildo, habiendo bajado el ritmo, y trabajando solo lo básico para mantenerse, se cuestionaba a sí mismo, juzgaba su forma de trabajar, cuestionaba lo que hacía y lo que estaba dejando de hacer. A veces se golpeaba muy duro a sí mismo, a veces se tenía un poco más de compasión. Todo eso es parte del proceso de despertarse, de recibir esa luz para acoger la adversidad y recibir el regalo que viene con ella.

En esos días hablaba con él y me dijo: "a veces siento como una envidia buena de la gente que vive la vida así relajada y sin estrés, y de broma llegan a fin de mes; no ahorran nada para alguna emergencia, no quieren nada más. Yo quisiera tener un poco más de esa tranquilidad". A lo que reaccioné, preguntándole: "¿y ese pensamiento que dice de ti, cómo te posicionas tú frente a esa gente?". Ahí, en ese instante, con un poco de luz en su cara, se respondió: "que yo no soy así, que en realidad no me haría bien esa actitud, que yo sí quiero algo más de la vida". Ahí, en esa respuesta, empezó a brillar de nuevo su autenticidad, su propósito, su esencia.

Mientras más te conoces, más te observas y dejas de un lado los auto juicios y los programas mentales que no te pertenecen, más claridad tendrás de esa autenticidad.

Eckart Tolle, en su libro "Un Nuevo Mundo, Ahora" (que recomiendo a todos los que están leyendo estas líneas), explica más sobre el propósito. Y, tengo que decir, es el único libro que me ha dejado este tema tan claro.

Tolle habla de dos propósitos, el interior y el exterior. El propósito interior es algo que nunca vamos a poder conseguir en el exterior de nosotros, ni en el pasado ni en el futuro. El propósito interior está en cada uno de nosotros aquí y ahora. Según Tolle, "no tiene que ver con lo que haces, sino con lo que eres, es decir, con tu estado de consciencia". Mi propósito en este instante, ya, es escribir estas líneas. Y el tuyo, ahora, es leerlas (asumiendo que los tiempos son lineales, yo seguramente ahora estaré haciendo y siendo otra cosa) El propósito interior entonces es simplemente ser y estar conscientes de ese ser.

Es estar presentes, disfrutar ese café, esa brisa de la tarde, ese beso, esa pizza. Es no ahogarse en pensamientos, conflictos, juicios, discusiones, que ni han tenido lugar, ni en cosas que "ya debería estar haciendo", ni comparativas con los demás. De ver y oír al Ego y decirle: ¡Ahora no!

Hack Mental:

Respira, tomate unos segundos y dite a ti mismo/a:

"Vivo y disfruto el momento presente, aquí y ahora".

Mientras el propósito interior se trata de ser, y permite que te conectes al mundo, que seas consciente de ti y que fluya la energía, el propósito exterior se trata de hacer. Aquí sí pensamos en acciones, sí necesariamente nos proyectamos a futuro: es a lo que quieres llegar con lo que haces.

Cuando hablamos de propósito exterior, sí nos permitimos visualizar más allá de este momento presente, volvemos a traer el tiempo a nuestra consciencia.

Pero es viviendo el presente y siendo conscientes de nosotros como podemos despertar y entender lo que podemos ofrecer al mundo, y es gracias a este nivel de consciencia como podemos darle forma a un propósito exterior que sí se puede materializar, entre otras formas, en una carrera.

Y aquí me permito traer una dimensión que Tolle llama "las tres modalidades de acción despierta". 1. La aceptación, que implica que lo que haces no te gusta, pero sabes que hay que hacerlo, y ya, o está en servicio de otra cosa que sí te gusta. 2. El disfrute, esa sensación de plenitud y vitalidad, que se genera cuando hacemos una actividad que nos encanta. 3. El entusiasmo, que viene asociado a esa espiral de energía hacia arriba, casi explosiva, que se genera al tener una visión, un objetivo y un propósito claro que cumplir.

Cualquier cosa que nos mantenga alejados del entusiasmo, del disfrute o, al menos, de la aceptación, está fuera de lo que vinimos a hacer aquí; hay que delegarlo, dejarlo, soltarlo. No eres tú, no te representa y no te permitirá vivir a plenitud.

Yo ya tenía un cierto nivel de conciencia, pero este libro me terminó de cambiar los paradigmas, me ayudó de verdad a entender mucho más para qué estoy aquí, a juzgarme menos, a identificar lo que no entra en mis 3 modalidades de acción consciente y, sobre todo, ¡me ayudó a soltar! ¡Es un librazo! Lectura obligada.

Tengo mucho tiempo diciéndole a mis clientes y alumnos lo siguiente:

EL ÚNICO QUE VA A VIVIR CONTIGO TODA TU VIDA ERES TÚ MISMO. LOS DEMÁS VAN Y VIENEN, PERO EL ÚNICO QUE VIVE SIEMPRE CONTIGO ERES TÚ; SÉ FIEL Y COHERENTE CONTIGO MISMO.

¡Mi propia frase, hoy, se me hace más clara y fuerte que nunca!

Hack Mental:

Con conciencia en este momento y en lo que vas observando de ti, repítete:

"Soy la única persona que vivirá conmigo siempre, me permito ser fiel a mí mismo/a".

Entonces, ¿qué hemos aprendido?

En pocas palabras, ¡Tu propósito es vivir, aquí, ahora! Estar presente y hacer lo mejor con lo que eres y tienes ahora, estar consciente. Tu propósito exterior, lo que te lleva a crear una visión de futuro y una carrera con sentido, lo construyes prestando atención a esos recursos que tienes, y tomando la decisión de actuar siempre bajo las 3 modalidades de acción despierta.

Y, ¿cómo hacemos esto?

Algo que me ayudó mucho a mí a definir mi propósito exterior, fue leyendo el Libro de Jack Canfield, "Los Principios del Éxito", donde lo define así: "tu misión de vida se trata de usar tus mejores cualidades, haciendo lo que amas, para crear el impacto que quieres ver en el mundo".

Reflexiona:

Te invito a que hagas el ejercicio que hacen mis clientes y alumnos para empezar a darle forma a su propósito de vida:

Defino mis dos cualidades predominantes:

____

Defino dos cosas que disfruto hacer:

____

Defino dos cosas que quiero crear en el mundo:

____

Al final de mis talleres, mis alumnos y clientes se van con una declaración de propósito, que los va guiando en el camino de diseñar una vida profesional con sentido, a crear posibilidades verdaderamente alineadas con ellos mismos. Se van con algo así como esto:

"Usar mi visión constructiva y mi pedagogía (2 cualidades, para enseñar e impulsar a otros (2 cosas que disfrutan a despertar su autenticidad y a crearse posibilidades (Impacto que quieren crear)"

Esta, por cierto, es mi declaración de propósito de vida; espero que te inspire a crear la tuya.

Mi declaración de propósito de vida:

____

____

____

"Go with the Flow" (Ve con el "Flujo")

Voy a hacer una confesión seria.

En mi último trabajo como asalariada, cuando era consultora en París, especialmente los últimos meses, hice eso que yo llamo "la ley del mínimo esfuerzo": trabajé lo mínimo; en mi país podrían decir que hasta "eché carro" (que no trabajaba nada).

Pero, antes de que me juzgues, te cuento algo. Antes de ser consultora, había trabajado como analista de negocios, en paralelo al estudio del MBA. Era un trabajo en el que pasaba literalmente todo el día haciendo indicadores, calculando Market Shares, recolectando data y haciendo lo necesario para darles un sentido. Fue ahí, en ese trabajo que se supone que "era lo mío", donde me di cuenta de que, a pesar de que siempre fui buena en números, pasarme la vida delante de un Excel me aburría a morir.

Mas tarde, cuando empecé a trabajar en consultoría, me ponían a hacer seguimiento de métricas con sistemas de información, más Excel y hacer presentaciones Power Point perfectísimas, de esas clásicas de consultoría, y con esas actividades podía tardarme la vida, ¡y además lo hacía mal! Cometía errores, tenía que repetir a veces las cosas y nuevamente, ¡me aburrían a morir!

Y los consultores o analistas de negocios que están leyendo esto les digo "chapeau", me quito el sombrero. ¡Son todos admirables!

Sin embargo, sí recuerdo que me encantaban las reuniones con los clientes, preparar y hacer las sesiones de formación, animar reuniones, diseñar y planificar seminarios. Ahí, sí que de verdad podía pasar horas, y no me daba cuenta. En mi rol de consultora en ese proyecto que llevaba, lo que tuviera que ver con interacción, enseñanza y hablar en público, era otra cosa para mí. Tenían sentido y las disfrutaba realmente.

Sigo confesando: ese trabajo de consultoría siempre fue para mí un trabajo puente (de esto hablaremos más tarde. Luego de la experiencia como analista de negocios y haberme sentido tan perdida, ¿te acuerdas de ese momento donde estaba viendo al techo? Bueno, luego de hacer mi trabajo de autoconocimiento, sabía que el coaching y lanzarme como independiente eran mi próximo paso; lo que no tenía muy claro era cómo lo iba a hacer; solo confiaba en que el "cómo" se revelaría solo, y así pasó. Por eso encontré este trabajo.

El hecho es que, en los últimos meses de contrato, ya no había muchas reuniones, ni seminarios, ni formaciones, nada de lo que era divertido para mí. Solo había métricas y seguimiento, y como tenía la oficina para mí sola, y aquí sigue mi confesión, recuerdo que aprovechaba el tiempo para hacer mis módulos de coaching y seguir formándome. Si mis antiguos jefes leen esto, espero que no se molesten; saben que igual siempre cumplí con mi trabajo y salí bien parada. ¡Perdón, pero esta es mi historia y la quiero compartir!

Esos días en los que estudiaba coaching no veía el tiempo pasar; a veces hasta se me pasaba incluso la hora del almuerzo y salía más tarde. Eran días, en los que, sin saberlo en ese momento, estaba en el "estado de Flow".

El genio detrás de este concepto es Mihaly Csikszentmihalyi, psicólogo famoso por sus investigaciones sobre la "experiencia óptima", que es la sensación que tenemos cada vez que entramos en un vórtice de plena creatividad, total implicación y disfrute.

En su libro "Flow: La psicología de la experiencia óptima", Csikszentmihalyi explica cómo podemos estar en un estado mental positivo -esto lo controla nuestra mente consciente- y, por lo tanto, alcanzar la verdadera felicidad y mejorar nuestra calidad de vida. Es, en cierto modo, como si ingresaras en un universo paralelo, donde el reloj deja de girar y estás completamente inmerso en una actividad y totalmente concentrado. Este estado te deja con una sensación de emoción y felicidad. ¡Es lo máximo!

Según Csikszentmihalyi: "El estado óptimo de experiencia interna ocurre cuando la energía física, o la atención, se invierten en objetivos realistas, y cuando las habilidades coinciden con las oportunidades para la acción".

Básicamente, y en palabras simples, cuando haces algo en lo que eres bueno (ya tienes las habilidades) y que además puedes poner tu total atención, entras en flow. Una cosa interesante sobre el flow, y es algo que yo misma he experimentado, es que, cuando estamos en ese vórtice en el que perdemos la noción del tiempo y estamos tan concentrados, también nos recargamos. Significa que, al final del día, no nos sentimos cansados; sentimos que hemos recargado las pilas, aunque hayamos estado activos todo el día.

Esto significa que, si somos conscientes de las condiciones que debemos tener para alcanzar este estado mental positivo, ¡podemos crearlo! ¡Y esto es una revelación! La idea es llevar nuestra atención a una tarea específica, agradable, y olvidar todo lo demás momentáneamente.

Vincular el estado de Flow con el trabajo sería el escenario ideal en el diseño de tu carrera. Sin embargo, no es un problema si no es posible. Algunas personas no experimentan el estado del Flow pero sí pueden llegar a experimentar estados de disfrute sumamente placenteros con algunas de sus actividades.

También existe el concepto del micro-flow, en donde aprendemos a disfrutar momentáneamente de las tareas más mundanas y repetitivas, como fregar platos o cepillarnos los dientes. Con lo cual es posible experimentar procesos de micro Flow en alguna actividad en el trabajo, aunque parezca la más aburrida. Si bien esto no es una revelación, ¡es un alivio!

Saliendo de la teoría, ¿cuál es mi experiencia con mis clientes en coaching de carrera? Que todas las personas, con una simple observación y llevando un diario de sus días, pueden identificar rápidamente qué actividades los recargan, cuales los drenan, y cuales son neutras.

Los griegos manejaban varios conceptos del tiempo, entre ellos los tiempos Chronos y Kairós.

Los tiempos Chronos son lo que conocemos como el tiempo lineal, son el cronometro que nos permite medir el tiempo en minutos, horas, días, semanas y años.

Los tiempos Kairós, también conocidos en términos bíblicos como los tiempos de Dios o momentos oportunos, no se miden de la misma manera. Los tiempos Kairós no son lineales; de hecho, se percibe como si el tiempo se detuviera y un minuto puede rendirnos una semana. Los tiempos Kairós se "activan", si podemos decirlo así, cuando sucede algo importante o nuevamente, los podemos encontrar en el estado de Flow, cuando hacemos algo en lo que nos sumergimos completamente con concentración y emoción.

Esto es lo que ocurre cuando te dan una mala noticia, y esos 5 minutos son los "más largos de tu vida". Son los mismos 5 minutos cronológicos, pero se perciben diferente. Si nos vamos a una óptica más optimista y constructiva, se puede aprovechar esos momentos de máximo rendimiento del tiempo haciendo actividades que te hacen percibir que "alargas" el tiempo.

Yo sé que, cuando hacia métricas y presentaciones Power Point, 8 horas laborales las percibía como una semana de trabajo. Pero un día de acompañamiento de clientes o de formación me hacían perder la noción de tiempo, rendía mucho más y tenía energía para seguir, sin contar que siempre se producían sincronicidades y hasta "coincidencias" agradables.

No soy experta, pero me parece que los griegos nos estaban introduciendo en el concepto del Flow. Yo solo sé que, desde que descubrí ambos conceptos, estoy más consciente de cómo escojo pasar el tiempo, elijo lo que hago yo, lo que delego y lo que descarto.

Tiempos Chronos, tiempos Kairós, estado de Flow… para mí todas son razones suficientes para confirmar que hice bien en ocupar mi tiempo preparando mi certificación de coaching en aquellos días en los que preparar métricas no tenía mucha importancia.

Al final, la vida es para disfrutarla y sentirnos bien, para sentir ese estado de experiencia óptima y sacar más provecho de nuestro tiempo y de nuestro potencial aquí en la tierra.

Hoy escojo hacer lo que me acerca más al Flow, y animo a mis clientes a considerar esto en su diseño de carrera.

Yo voy con el Flow, ¿y tú?

Reflexiona:

En el diseño de tu carrera, ahora que te reinventas, la idea es que elijas las actividades que suman, las que te recargan. Haz un diario de tu día y anota:

Las actividades que me llenan y me dan energía:

____

____

Si las tengo, que actividades que me hacen perder la noción del tiempo (Flow): _______________________________________

Por qué Santiago se quedó en Francia

Bueno, su nombre real no es Santiago, pero no me gusta revelar los nombres reales de mis clientes o alumnos; me gusta contar historias que inspiran, pero no exponer a la gente. Así que, llamémoslo Santiago, ¡él sabe quién es!

Santiago fue mi alumno del MBA en una escuela de negocios en París. Recuerdo el día en que lo conocí: entró a la sala de clases para una primera sesión de coaching uno a uno. Al leer su nombre, asumí que era hispanohablante, así que me atreví a hablarle en español. Para su sorpresa, no solamente hablaba su idioma, ¡sino que teníamos el mismo acento! ¡También era venezolano!

Tenía, puedo decir, la misma carita que yo podía haber tenido allá en el 2009, cuando recién llegué a Francia. Esa combinación de emoción por estar ahí, pero, a la vez, de "estoy perdido y no sé cómo va a salir esto".

Santiago tenía una experiencia espectacular en construcción y en emprendimiento en Venezuela, hablaba inglés y un pelín de francés. No tenía pasaporte europeo ni permiso para trabajar en Francia. No tenía ni un perfil LinkedIn, ni conocimientos del mercado, ni de la cultura corporativa francesa. Tenía bastantes creencias limitantes y miedos respecto a hacer Networking (de lo cual hablaremos mucho en los próximos capítulos). Y no sabía cuál iba a ser su estrategia para conseguir empleo en Francia. Estaba, como decimos en mi país, "como pajarito en grama" (su origen, seguramente llanero, explica cómo los pájaros, que siempre están en los árboles y en los cielos, cuando se caen y se ven en el suelo, se encuentran totalmente desprotegidos y desconcertados, porque no es su sitio habitual).

Pero tenía una cosa más valiosa que toda su experiencia, y lo suficientemente fuerte como para contrarrestar todo lo que jugaba en contra de conseguir trabajo en Francia. Santiago tenía un "porqué" tan claro, tan sólido, tan determinado, que movilizaba hasta al guardia de la entrada de la escuela.

Santiago tenía claro que regresar a Venezuela no era una opción. Era un "no Go", era no negociable. Era razón suficiente como para crearse todas las posibilidades evidentes y no evidentes. Él no sabía cómo lo iba a lograr, el solo sabía que, como fuera, él conseguiría trabajo en Francia. Y no solo trabajo, sino un trabajo que le gustara, porque volver a la construcción tampoco era lo que lo movía.

Su fuerza vino de la idea de "no volver" a Venezuela, su movimiento hacia la exploración de nuevas de oportunidades de carrera vino de su apertura mental, de su flexibilidad y de su capacidad de adaptación. No hay que olvidar que estaba haciendo un MBA y eso le dio muchas herramientas para cambiar el curso de su carrera.

Durante el año escolar lo vi dar vueltas a su estrategia, hacerse miles de preguntas para cuestionarse a sí mismo, lo vi romper sus propios paradigmas, lo vi intentar miles de cosas que no funcionaban, y empezar de nuevo con otra idea. Siempre venía a las sesiones de coaching con alguna información nueva del mercado, aspectos legales sobre visas o permisos de trabajo, algún plan de acción corrigiendo la estrategia de búsqueda. Siempre venía con algo nuevo.

Estas son señas de una persona que no se rinde, que tiene un "por qué" claro, y que está determinada en encontrar, no las formas en que no se puede, sino la forma en que se logra el objetivo.

Santiago me demostró, una vez más, que se materializa lo que se crea en la mente, me mostro cómo una persona puede tumbar sus propias creencias limitantes, gracias a su propio cuestionamiento y sus propias acciones, me enseñó mucho más de lo que yo pude enseñarle a él.

Como era previsible, Santiago lo logró, no solo consiguió pasantía al final del año escolar, sino que lo contrataron como mánager de finanzas en una de las empresas de energía más importantes del mundo.

Santiago vive feliz en París, con su esposa, quien también pudo quedarse, gracias a su impulso, a su apoyo y su visa de talento (¡jaja!. Son un gran equipo con un "porqué", que hace posible cualquier objetivo.

Reflexiona:

Todos tenemos eso que más nos mueve, te invito a que hagas tú también tu reflexión:

¿Qué no es negociable para mí?

¿Qué ya no puedo permitir que pase?

¿Qué es tan importante lograr que moviese lo que fuera necesario para lograrlo?

Hack Mental:

Reconéctate con lo que más te da fuerza para hacer un cambio y diseñar tu vida profesional y repítete:

"Mi Porqué es tan fuerte que logro todo lo que me proponga".

Capítulo 4: ¿Dónde estás y a dónde quieres ir?

Toma consciencia de tu carrera ahora.

El objetivo del coaching es llevarte desde donde estás hasta donde quieres ir; así que te propongo que empecemos por ahí. Para eso, debemos tener las cosas claras y lo primero es, en dónde estás ahora respecto a tu trabajo, a tu carrera.

No quiero ponerme tanto en modo profe y hacerte un examen, pero sí te invito a que hagas esta reflexión, que es más una evaluación rápida de tu percepción hacia tu trabajo o tu situación actual.

Vamos a revisar algunos temas, unos más sensibles que otros. Por fa, mantente presente y, sobre todo, abre tu mente y sé brutalmente honesto para que esto funcione. Te prometo que te creará mucha conciencia y claridad de tu situación y de lo que quieres cambiar, conservar y mejorar.

Primero, ¿cuántas horas le dedicas al trabajo?

Aquí yo siempre te invito a hacer la diferencia entre la jornada laboral y el "Bono de energía". Vamos a definirlos.

La jornada laboral corresponde a las horas al día que pasas físicamente trabajando, es decir, desde que tienes la primera interacción con alguien o algo relacionado al trabajo (primera llamada, primer email, primer saludo en la oficina, etc.) hasta que terminas la jornada laboral con tu última interacción. Si eres empleado, incluye las horas reales que trabajas, hay días en que se trabaja más y otras menos:

calcula en promedio cuánto trabajas (no tomes solo las horas que aparecen en el contrato: toma las reales)

El "bono de energía" son las horas que te permites seguir pensando y hablando del trabajo con otras personas o contigo mismo, fuera del horario laboral oficial. Recuerda que la idea de reinventarte es crear algo que dé sentido a tu vida, y, si el trabajo sigue haciendo ruido aun cuando no estás oficialmente trabajando, quiere decir que sigue ocupando tu mente, tu vida y, por lo tanto, puede que te reste energías y no te das cuenta.

Reflexiona:

Entonces, si piensas en estas dos cosas, determina:

¿Cuántas horas le dedico al trabajo dentro de la jornada laboral?

¿Cuántas horas de "bono de energía" le dedico al trabajo?

Entonces, ¿cuántas horas reales estoy disponible física, mental y emocionalmente para mi trabajo actual?

Segundo, ¿cuánto vale tu tiempo?

Aquí entramos en un tema sensible: el valor monetario de tu presencia física, mental y emocional.

Si tienes una profesión liberal, seguramente ya tienes un cálculo de tarifas por hora. Si no es así, te invito a que, si cobras por proyectos, contabilices las horas que pasaste en él para que sepas el valor de tu tiempo real.

Si eres empleado, lee bien; te recomiendo que hagas un cálculo simple:

Salario mensual neto / (horas laborales al mes + bono de energía) = Lo que te pagan por tu tiempo y energía en el trabajo.

Reflexiona:

Esto es lo que te pagan por hora cada vez que estás disponible para el trabajo. Pregúntate:

¿Estoy contento con ese número?

¿Creo que mi tiempo, mi intelecto y mis cualidades valen eso?

¿Creo que ese monto cubre el costo de oportunidad de pasar más tiempo física y mentalmente en otra cosa, o con otras personas?

Bueno, ahí lo tienes: es lo que está valiendo tu tiempo, tu energía y tus habilidades ahora.

Ya eres consciente, independientemente que estés contento o no, ahora estamos para evaluar lo que es hoy. Esto te dará las bases para lo que vas a definir en el próximo capítulo, donde vas a empezar a diseñar tu nueva realidad.

Tercero, ¿Para qué te sirve tu trabajo actual?

Vamos a seguir con la honestidad: sea lo que sea que hagas, estás en ese trabajo u oficio actual por algo. En su momento tenía sentido, ahora lo estás cuestionando. Así que voy a pedirte que enumeres las razones por las que mental y físicamente estás en el trabajo.

Por ejemplo: puede ser por sustento, porque te gusta tu área, porque te llevas bien con tus compañeros de trabajo, porque la empresa es un buen nombre para tu CV, porque es así como te gusta pasar el tiempo, por reto personal, porque tu familia hace eso y a ti también te toca, porque eso fue lo que estudiaste y no queda otra, porque no has conseguido algo mejor, o por alguna otra razón.

Reflexiona:

Por favor, sé abierto/a y honesto/a. No hay juicios, solamente toma de conciencia.

¿Por qué estoy en este trabajo?

Pero esta no es la única reflexión a hacer aquí. Fuera de las razones por las cuales estás en ese trabajo, es importante pensar en cómo te beneficia a ti lo que haces actualmente. Este es un trabajo, si, pero te está dejando muchas cosas para el futuro. Es hora de ponerle lupa a esas cositas.

Reflexiona:

Continúa que vas bien...

¿Qué me llevo cada día al terminar de trabajar y cómo me hace sentir este trabajo?

¿Qué me queda a mí como individuo? No lo que le dejo a la empresa, sino lo que me llevo yo.

Aquí la respuesta puede ser cualitativa o cuantitativa. Pero lo más importante es ser consciente de qué te queda a ti de esas X horas que contabilizaste arriba. Más adelante vamos a hablar de experiencias y competencias transferibles. Todo lo que haces hoy puede capitalizarse más tarde o en otra cosa.

Cuarto, ¿Tu trabajo está alineado con lo que más te importa?

En esta parte quisiera que tomaras un tiempo para pensar cuáles son los valores detrás de tu trabajo actual. Y te invito a que seas brutalmente honesto, dentro del nivel de conciencia en el que estés.

Muchos de mis clientes saben qué los frustra y qué los empodera. Otros todavía no lo tienen identificado, pero saben que algo no está muy alineado.

Cualquier trabajo en el que te sientas forzado, frustrado y poco empoderado, es un trabajo sin futuro para ti, porque estás lejos de donde se supone que debes estar. Cualquier trabajo que despierta tu creatividad, que te mantiene activo, te empodera y hasta te enamora cada día, es un trabajo que te permite estar en tu "zona genio", que es ahí donde estás en tu máximo potencial. Como lo hablamos antes, estás en el Flow o alineado con tus valores, con tu porqué.

Una forma de determinar esta alineación es observar tus pensamientos. Quizás no todos, porque tenemos más de 60 mil al día. Pero sí poner un poquito de atención al momento presente, sobre todo, cuando tengas emociones fuertes, como la frustración, la rabia, o la alegría, y la inspiración; son momentos claves de ver e identificar lo que haces y lo que piensas.

Reflexiona:

La idea es observar tu dialogo interno y anotar:

¿Qué me digo a mí mismo/a con más

frecuencia?

Comienza a tomar conciencia de lo que más te dices, cuáles son tus preocupaciones, tus deseos, tus pensamientos más felices, tus pensamientos más tristes, qué piensas más en el día.

Lo otro es: ¿Qué te inspira a despertarte por la mañana? ¿Cuál es la actividad / persona / causa que te hace desear comenzar el día?

¡Ojo, no hagas trampa!

No se trata de la alarma o de que tienes que ir a trabajar. Aquí la idea es saber la razón real por la que te levantas de la cama y comienzas tu día.

Muy a menudo mis clientes me dicen: "pero realmente tengo que ir al trabajo, no me gusta, pero tengo que pagar el alquiler y mantener a mi familia". Entonces quizás lo que los mueve es su familia o el confort de su casa.

Reflexiona:

Volviendo a ti...

¿Cuál es el pensamiento que cruza por mi mente cada mañana que me hace querer decir "estoy despierto/a y listo/a para comenzar mi día"?

A lo mejor, no hay ninguno. Eso es parte de esta evaluación. Sin juicios.

Una bella relación

Para continuar con nuestra exploración de tu situación actual, vamos a hacer un zoom en dos relaciones que tienes hoy y que definitivamente van a determinar la carrera que quieres construir.

Primero, ¿cuál es tu relación con el trabajo?

Aquí me gustaría que pensaras en lo que representa el trabajo en general, no solo el trabajo actual, para ti.

Esta reflexión la puedes hacer a nivel emocional. Por ejemplo: tengo un cliente que ama su carrera, le emociona saber más de su área, siempre se forma o investiga cosas respecto a su área, habla apasionadamente de lo que hace. El trabajo para él representa pasión, emoción y crecimiento personal.

La reflexión la puedes hacer también desde un punto de vista práctico. Por ejemplo, tengo otro cliente cuyos valores personales más altos están alrededor del dinero, y ve su trabajo estrictamente como un medio económico. Otros clientes, cuyos valores personales giran en torno a la seguridad, ven el trabajo como eso: es una forma de seguridad, de estabilidad, de continuidad.

Dependiendo de lo que el trabajo signifique para ti, puedes escoger un plan de acción diferente respecto a esas tantas horas que pasas ahí tanto físicamente como mentalmente. Y puedes entonces preguntarte cómo reorganizar las horas y las energías que das al trabajo actual.

Porque, si el trabajo te aporta mucho emocionalmente, tu hora laboral y tu bono de energía están bien pagados, y el trabajo significa algo positivo y constructivo para ti, no hay problema en que esta zona de la vida abarque una buena parte de ti. Porque estas, en principio, contento y alineado.

Pero, si tu trabajo no te deja mucho, el precio pagado baja el valor de tu tiempo, y encima el trabajo para ti significa solo un medio, ¡pues no hace falta dedicarle tanto y depende de ti que hagas ese esfuerzo consciente de saber parar y rediseñar!

Reflexiona:

Con toda la honestidad del mundo, piensa y responde:

¿Qué representa el trabajo o la carrera para mí?

Segundo, ¿cómo es tu relación con el dinero?

Ay, el dinero, la plata, la pasta, la lana… Siempre el tema más sensible.

Hay algo que no miente en la vida, y son los resultados que tenemos. Podemos tomar millones de acciones hacia algún objetivo, pero la información que realmente nos dice si alguna de esas acciones funciona o no son los resultados factuales que tenemos. Por ejemplo, tengo una cliente que me dice que sabe hacer dinero, y que tiene una relación muy buena con él, y, en efecto, ella logra hacer mucho dinero con solo algunas transacciones, pero, cuando ve sus cuentas, no tiene ahorros, no lo ha invertido y parece llegar al ras a final de mes. ¡Esta entonces no es una relación saludable con el dinero!

Tengo otro cliente, por ejemplo, que vino a mi coaching, porque tenía un objetivo financiero claro, quería duplicar sus ingresos activos y generarse un flujo de ingresos pasivos constante. La claridad financiera estaba ahí, su mentalidad financiera era bastante flexible, sabía que podía hacer más dinero y que su abundancia financiera no estaba condicionada a su sueldo, sino a la activación de otros canales de ingresos. Así que creamos un plan de acción sostenible de 6 a 8 meses, con revisión frecuente, y logró sus objetivos de creación de abundancia fluidamente.

Al año me llamó de nuevo, porque tenía otro objetivo financiero: esta vez quería triplicar sus ingresos y solidificar su estrategia de capitalización. Hoy es un cliente ejemplo de cómo una relación sana con el dinero y estrategias solidas de creación de abundancia sí permiten expandir las posibilidades financieras.

Todos somos diferentes y tenemos diferentes niveles de abundancia financiera, por el simple hecho de que cada uno de nosotros tiene una historia de vida distinta y única, y con esa historia hemos anclado algunos patrones neuronales que han definido esa relación hasta ahora.

Reflexiona:

Para tomar consciencia de tu relación con el dinero, puedes preguntarte:

¿Cómo ha sido mi entorno?

¿Crecí en un entorno donde había mucho, o, más bien, faltaba dinero?

¿Cómo me marcó ese entorno?

Ojo, el entorno en donde hayas crecido no condena tu relación con el dinero.

Tengo muchísimos ejemplos de clientes y amigos que crecieron con dificultades financieras, y esas condiciones los impulsaron a crear mucho más y a ser más inteligentes con el manejo de la plata. Y hoy tienen sistemas de abundancia muy bien anclados.

Por el contrario, conozco a personas que crecieron en ambientes muy pudientes, pero que asocian el dinero a problemas familiares, divorcios, separaciones de bienes injustas y hasta represalias y peleas por herencias. Y hoy no se atreven a expandir, porque, consciente o inconscientemente, ven el dinero como un problema.

Entonces no es que, si creciste con dinero, tienes automáticamente una buena relación con él, y, si no fue el caso, entonces estás condenado. No, esto depende de tu percepción respecto a esa historia.

Entonces, ¿cómo te marcó tu entorno?

Otra cosa que puedes evaluar es ¿cómo te refieres al dinero? ¿Qué programas tienes asociados a la plata? Para esto puedes observar qué palabras usas cuando hablas de dinero.

Si dices mucho: "No tengo plata para esto" o "¡Uff, eso cuesta mucho dinero!", o "Tengo ganas de viajar, pero eso cuesta mucho dinero", etc... Si es el caso, estás hablando con programas limitantes.

En el momento en que hay un "pero" para hacer algo, y el "pero" es el dinero, no estás creando la posibilidad de generar ese capital, sino que inmediatamente eliminas la posibilidad de hacer eso que te gustaría, y así te quitas de encima el problema de falta de dinero.

Pero no estás resolviendo tu relación con el dinero, no estás creando expansión, estás permitiendo que la situación financiera actual condene tus acciones.

Si, al contrario, tienes ganas de hacer algo y sabes que te mereces ese algo, y te dices "Yo puedo permitirme esto" o "Tengo como hacerle frente a esta situación" o "El dinero siempre llega", quiere decir que te abres a posibilidades y tienes programas positivos con el dinero.

Ya, por último, otro indicador de tu relación con el dinero es el flujo que permites que tenga en tu vida.

Gastar dinero sin límites no quiere decir que tengas una buena relación con él; tampoco lo es preservar en exceso, y dejar estancado el dinero en una cuenta.

UNA BUENA RELACIÓN CON EL DINERO EXISTE EN EL MOMENTO EN EL QUE ENTIENDES QUE EL DINERO ES ENERGÍA Y, COMO TODA ENERGÍA, NECESITA FLUIR.

Hay cosas en las que debería producirte placer gastar, hay momentos en los que debería producirte tranquilidad y paz preservar, y hay momentos los que te debería producirte emoción arriesgar para invertir y capitalizar inteligentemente.

Tengo un amigo que es muy reservado con su dinero y, cuando gasta en cosas que le gustan, siempre dice: "Me dolió pagar esto". Eso no es una buena señal: no pude doler gastar en algo que te hace bien.

Ni tampoco debería doler, cuando se pierde dinero en alguna inversión que te deja un aprendizaje enorme, que te permitirá hacerlo mejor la próxima vez.

¿Si lo ves?

El dinero fluye, va y viene, y, si tienes una buena relación con él, te aseguro que siempre regresa a ti cuando más lo necesites.

Entiendo que esta afirmación puede decir difícil de asimilar para algunos, o quizás para la mayoría. Pero de esto se trata la reinvención, de permitirse pensar diferente, de hacer lo que no hemos hecho antes.

Reflexiona:

Bueno, volvemos a tu evaluación:

¿Pienso que tengo abundancia suficiente, y que sé generar canales de abundancia?

O, más bien, ¿tengo problemas de escasez de dinero?,

O, quizás no tengo escasez, pero tampoco sé crear fácilmente grandes flujos de dinero hacia mí.

Hack Mental:

Reprograma los patrones neuronales que tienes anclados respecto al dinero diciéndote lo siguiente:

"Siempre tengo los recursos que necesito para lo que quiero. El dinero siempre me llega de diferentes fuentes, en las cantidades que pido".

Y, por último, lo que más habla de ti...

Sin juicios, ni cuestionamientos. Vamos no a lo que dices, sino a lo que haces y con quién lo haces. Tu orden o tu desorden, tu disciplina o tu indisciplina, tu constancia o tu inconstancia, lo que lees y lo que no, con quién te rodeas y con quién no. En fin, tus acciones, tus hábitos y tu entorno revelan mucho de tu situación actual, tanto en el trabajo como fuera de él. Y también revelan mucho a dónde puedes llegar.

Aquí más que invitarte a observar tus acciones, me gustaría que observaras tu entorno. Muchas veces es más fácil identificar hábitos, buenos y malos, cuando observamos a los demás. Está probado que nos convertimos en las 5 personas con las que más nos rodeamos. Tiene lógica: conversamos las mismas cosas, tenemos hábitos similares y se convierten en una zona de confort. De lo que no nos damos cuenta es que también absorbemos sus programas mentales, sus hábitos, su comportamiento, para bien o para mal. Así que, si observas tu entorno y cómo te sientes en él, conseguirás evaluar muchas de tus acciones.

Reflexiona:

¿Qué tanto me estoy limitando, porque no tengo con quién tener la experiencia que quiero?

¿A qué no me estoy atreviendo, por temor a no tener lo que hace falta?

¿Qué tanto de mi día lo hago, porque es un deber, y qué tanto, porque, de verdad, lo disfruto y es lo que quiero hacer?

Si volvemos a esas personas con quienes más te rodeas

¿Quiénes son las personas con quienes paso más tiempo?

¿Qué hacen?, ¿de qué hablan? y ¿qué programas mentales me transmiten?

No hace mucho hablaba con un amigo con quien hice una certificación de Programación Neurolingüística; él es ingeniero, vive en Brasil, está en la mitad de sus 30 y tiene al menos 12 años trabajando en un entorno bastante estricto, donde priman las competencias técnicas, los datos factuales, y los resultados concretos.

Él se encuentra muchas veces en conflicto, ya que naturalmente es una persona altamente intuitiva, y lo mueve el comportamiento y las relaciones humanas, pero ese entorno lo ha configurado de tal manera que, según sus propias palabras: "las competencias duras opacan a las blandas". Entonces, se ha convertido en un excelente ingeniero, pero ha frustrado su verdadero talento natural y le ha costado convertirse profesionalmente en quien es él verdaderamente.

¿Cuántas veces no has estado en un entorno en el que te manejas bien, haces las cosas bien, porque ya las competencias están ancladas y conoces el sistema, pero algo adentro te grita que algo no está del todo bien? ¡Y luego seguramente te juzgas, y dices que tienes algún tipo de problema!

Pues no, no tienes ningún problema: eres perfecto tal cual, y como eres, tienes todo lo que te falta para surgir y sentirte pleno. Y te puedo asegurar algo: tu verdadero Yo auténtico no se cansará de enviarte mensajes para que vivas tu propia autenticidad y salgas del entorno en el que puedes estar en conflicto.

Estar en conflicto y querer salir del entorno no siempre quiere decir que tienes que hacer algún cambio radical, o terminar todas las relaciones en tu vida. Se trata de hacer pequeños cambios, atreverse a adoptar nuevas posturas, conocer gente nueva que esté más alineada a ti. Se trata de identificar cómo te hablas a ti mismo, qué te pueda estar frenando y cambiar ese lenguaje para abrirte a otras oportunidades. Pero, sobre todo, se trata de tomar acciones, así sea pequeñas, para que los programas de otros y de tu entorno no dirijan tu vida.

Aquí te dejo con algunas ideas que te ayudaran a identificar qué tanto de tu entono y programas mentales de otros pueden estar frenando tus ideas de reinvención profesional:

1. ¿Alguna vez has tenido alguna idea, bien sea de negocio o para mejorar en tu entorno profesional, y no has tenido con quién hablarla?

Si tienes algo que necesitas expresar y no parece haber nadie con quien compartirlo o que te ayude a retarte para desarrollar esa idea, con toda seguridad estás en un entorno limitante. El ser humano va de evolución, y la civilización va de progreso; necesitamos más gente con ideas, soluciones e iniciativas.

Así que, si es tu caso, el problema no eres tú, que "eres un soñador o un utópico": es simplemente que no estás rodeado de las personas correctas con quienes ir más lejos. Ábrete, conoce a emprendedores, directivos, personas en otras áreas de trabajo, sal por un momento de tus 5 amigos y compañeros de trabajo, y verás que tus ideas no son ni tan "locas" ni "estás desvariando".

2. ¿Alguna vez has sentido que vas contra la corriente, que nadie entiende de lo que hablas o, peor, que opinan lo contrario?

A mí me pasó, cuando me mude a Madrid. Lo primero que me dijeron fue: "en este país ni se te ocurra emprender" (¡un poco tarde, porque ya lo había hecho!) De cualquier manera, yo no pensaba igual.

Y rápidamente me di cuenta de que estaba rodeada de personas que no tenían nada que ver con el mundo de emprendedores ni de inversiones de ningún tipo.

Tienen programas mentales y creencias limitantes, que no les permiten verle salida a la posibilidad de tener una empresa o de lanzarse como independientes. Tienen miedos y conductas muy apegadas a la consciencia colectiva de un país cuyo marco legal no facilita el desarrollo de la inversión privada; es cierto, pero eso no implica que no se pueda emprender y que no te pueda ir bien.

Pero, en efecto, ese entorno era limitante para mí; así que tuve que abrirme camino y conocer personas con programas mentales y conductas diferentes.

3. ¿Alguna vez has estado en alguna reunión con amigos y conocidos, y te has aburrido o no has tenido mucho que aportar o compartir de tu lado?

Si la respuesta es sí, esta es una señal inequívoca de que estás en el entorno incorrecto. No es que tus amigos o conocidos sean mejores o peores que tú; es que no estás rodeado de la gente que está verdaderamente alineada contigo ni con tus ideas.

Tengo muchos conocidos y amigos con este problema. Yo misma lo he vivido muchas veces, y lo que me da miedo es que la solución que me han dicho es: "prefiero quedarme en casa, leer algo o hacer mis cosas, antes de pasar el tiempo con gente que no me llena".

¡La segunda parte te la compro! No vale la pena seguir nutriéndote con ideas y programas que no son tuyos solo por pasar el tiempo con gente. Pero la primera parte no es siempre la solución, y créeme que yo también lo hago muchas veces, pero aislándonos no ganamos nada, no crecemos, no aprendemos y ciertamente no vamos a crearnos un entorno que nos impulse.

Así que, si es tu caso, y has optado por aislarte un poco, ¡es hora de moverse! Busca actividades, congresos, talleres, reuniones, conecta con otras personas y sal con personas con quienes sí tienes cosas e intereses en común. ¡Tus ideas son seguramente muy valiosas para quedarse en casa siempre o para callarlas!

Citando de nuevo a John Demartini: "si no llenas tu agenda con cosas que están alineadas con tus valores personales, tu agenda se llenará con los valores personales de otros, no los tuyos". ¡Qué gran frase!

Te invito a alinearte más; no te conviertas en tu entorno, si este no te ayuda a ser tú mismo y a crecer. En el próximo capítulo vamos a diseñar a dónde quieres ir y podrás identificar qué cosas quieres tener y ver más en tu entorno, para que tus hábitos y acciones no se frustren, sino que se desarrollen más.

Hack Mental:

Luego de hacer esta reflexión, permítete reprogramarte para crearte nuevas oportunidades diciéndote esto con frecuencia:

"Me rodeo de personas que me inspiran y que ya han logrado lo que quiero. Me rodeo de personas que me impulsan a crecer".

La pregunta que nunca nos hacen.

Bueno, sí que nos preguntan cuando somos pequeños.

Seguro que a ti de pequeño también te preguntaron: ¿Y qué quieres ser, cuando seas grande?

El problema no es que no nos hayan preguntado: es que la pregunta viene muy temprano, cuando los niveles de conciencia no están ni remotamente elevados como para que la respuesta sea creíble o considerable de alguna manera.

Yo recuerdo que, cuando me preguntaban que quería ser cuando fuera grande, yo respondía que quería ser Miss Venezuela. ¡Ja! ¡Pero es que no llegué a medir ni 1 metro 60! ¡Esa iba a estar difícil! También pasaba horas jugando a que tenía mi propio negocio, y creo que a mi alrededor a todos les parecía eso un juego. En algún momento dije que quería ser periodista como mi papa, y ahí todos aplaudían, porque, si decía que quería enseñar, mi mamá, que es profesora, brincaba inmediatamente a decirme: "ni se te ocurra; eso es muy mal pagado, te vas a morir de hambre"

Así es como, aunque vengan de la mejor intención, se crean en la mente los programas de impedimentos, o como no se crean programas de posibilidades.

Dentro de la inocencia de ser niños y no saber muchas cosas de la vida, también tenemos justamente esa apertura, esa creatividad, eso de creer que todo es posible. Y también tenemos eso de querer hacer lo que se nos da bien naturalmente, y nos gusta pasar tiempo en eso, hasta que un maestro o nuestros padres llegan y dicen que no puedes seguir jugando, sino que "tienes que" hacer algo más, y puede que se acabe la diversión.

Y así comienza a formarse uno como adulto, a través de la disciplina y el orden, pero también es así como continúan formándose las programaciones mentales, las restricciones y las imposibilidades.

Y nuevamente, nuestros padres y maestros seguramente no tenían mala intención: ellos hicieron lo mejor que pudieron con lo que sabían y con las condiciones que tenían; al menos, yo estoy convencida de que mis padres hicieron siempre lo mejor que pudieron.

Pero, con buena intención o no, los programas de impedimento, de miedo, transmitidos de sus experiencias propias, sumados a las creencias colectivas de la sociedad, terminan por instalarse en nuestro inconsciente.

En la medida en que crecemos, absorbemos todo y no cuestionamos nada, o casi nada. Por eso, cuando somos adultos, y ya tenemos esos programas de posibilidad o de imposibilidad instalados, y a alguien, como a mí, se le ocurre preguntarle a otro ¿"y tú qué quieres hacer?", la respuesta natural la mayoría de las veces es: "no es lo que yo quiera; es lo que tengo que hacer"

Pero no es demasiado tarde: nunca es tarde para reeducar a tu mente. Estás a tiempo de cuestionar esos parámetros que hoy te frenan de alguna manera, estás a tiempo de dejar caer esas creencias y de construir otras que sí te permitan crear posibilidades para ti.

¿Cómo hacer de tu carrera un camino significativo?

Una carrera significativa empieza con una intención. Una intención clara de querer hacer las cosas diferente, de manifestar una nueva realidad, de que te permitas hacer algo que te haga feliz.

Te pido que, aquí y ahora, hagas este compromiso, no conmigo, sino contigo, no más limites, no más barreras. No te digo no más dudas o no más miedos, porque estos aparecen todo el tiempo y he aprendido, y quiero mostrarte, que se pueden hacer cambios espectaculares a nivel de propósito de carrera, a nivel financiero y a nivel de balance de vida, aun con miedos, aun con dudas, porque esto se navega, pero sí que, con barreras y limites mentales, es más difícil avanzar y construir.

Las barreras y programas limitantes los tumbamos ahora.

Hack Mental:

Entonces, toma una respiración y repite conmigo:

A partir de hoy, dejo caer las creencias que me limitan en este proceso de exploración de mis competencias, habilidades y posibilidades. A partir de hoy, todo pensamiento que vaya en contra de esta exploración, lo reconozco como resistencia, y lo dejo ir, ya no lo necesito. A partir de hoy, me libero de las barreras mentales y abro mi mente a conocer y a reconocer mi perfil, y todo lo que puedo hacer con los recursos que tengo y con lo que soy hoy.

Repite esta afirmación cuantas veces lo necesites, para que se ancle bien y puedas dar la bienvenida a esas nuevas ideas, y también a esa nueva visión de ti mismo.

Vamos a empezar a crear posibilidades y diseñar tu reinvención profesional.

Si tomamos como una verdad absoluta esta premisa: "tienes todos los recursos que necesitas para cumplir tu misión de vida", quiere decir que aceptamos que ya vienes con todo lo que hace falta para tener éxito en lo que sea que te propongas, siempre y cuando esté alineado a ti, a tus valores, a tu personalidad, alineado contigo, ¡punto!

No hace falta copiar a nadie, no hace falta creer que hay que hacer o tener lo que hacen otros, no hace falta tener las competencias o habilidades que has visto en otros, o tener los certificados o diplomas de otras personas.

Por ahora, solo partamos de esta premisa. Ya tienes lo que hace falta para que tú consigas lo que tú quieras. Entonces, ahora sí podemos profundizar en tu perfil profesional y, vamos a dejarlo abierto, en tu contribución en el mundo.

Tu perfil profesional está hecho de educación y experiencias, que básicamente se traducen en habilidades. Entonces, tienes habilidades, ya sea porque las has estudiado en algún momento en tu vida, una formación larga o algún curso, algún libro, alguna conferencia o seminario al que fuiste, etc. O tienes experiencia práctica que has acumulado en tu vida profesional, sin importar el tipo de contrato que hayas tenido o lo largo que hayan sido esas experiencias.

Esas habilidades son parte de lo que yo llamo tu "cajita de herramientas". Un conjunto de competencias que llevas contigo a dondequiera que vayas, independientemente de la carrera que elijas. Este conjunto de herramientas es lo que queremos empezar a explorar en la segunda parte, de manera de ir expandiendo tu mente e ir creándote posibilidades con lo que ya tienes.

Ahora, tu perfil también se enriquece con tu personalidad, tus cualidades, tu historia de vida, tus percepciones y tus paradigmas. Estos elementos no se enseñan formalmente en la escuela, pero se desarrollan a lo largo de vida. Y no importa cuántos de nosotros obtengamos el mismo diploma de la misma escuela, todos somos diferentes, solo porque tenemos una historia diferente; y una mente diferente.

Tú, como ser humano único, pasando por un momento específico de tu vida, también tienes cosas específicas que más valoras. Aquellas cosas que más valoras se reflejan en tu vida a través de tus acciones cotidianas. Lo que más valoras y lo que te mueve, se convierte en tus prioridades. Entonces, tu porqué y tus valores personales más altos, también forman parte de tu perfil. Porque son tus motores principales.

Si sumamos todo esto, tu perfil profesional, que es lo que explotas día a día en tu carrera, y lo que puedes capitalizar de muchas maneras, está formado por:

Tus motores (tu porqué) + Tus habilidades profesionales y transferibles + Tu autenticidad

Todos estos elementos son los recursos que necesitas para lograr tu propósito de vida. Ni más ni menos. Y, como dijimos, ya los tienes.

Enfócate en un trabajo, en una carrera que te permita explotar tus mejores habilidades, esas cosas en las que eres naturalmente bueno. Cuando haces algo que amas, que te inspira, y cuando usas tus talentos naturales, lo que haces es explotar y reforzar tus fortalezas.

Es cuando te enfoques en tus fortalezas y las mejores, que alcanzarás un mayor nivel de potencial. Así es como tú te vuelves experto en tu tema, y esto es lo que te permitirá contribuir de una manera más significativa en tu lugar de trabajo.

Parte 2: Tu cajita de herramientas

"La autenticidad es una colección de elecciones que tenemos que hacer todos los días. Se trata de la decisión de aparecer y ser real. La decisión de ser honesto. La decisión de dejar que nuestro verdadero yo sea visto." — Brené Brown.

"En esencia, si queremos dirigir nuestras vidas, debemos tomar control de nuestras acciones constantes. No es lo que hacemos de vez en cuando lo que da forma a nuestras vidas, sino lo que hacemos de manera consistente." — Tony Robbins.

Se trata entonces de aceptar mi autenticidad, con todo lo que soy y todo lo que traigo, pero también de entender que, si quiero ser muy buena/o en algo, tengo que ser consistente en desarrollarlo.

Bueno, vamos a continuar por aquí…

Capítulo 5: Día de Hacer Inventario

Un viaje interesante

Un reflejo automático que tenemos todos es empaquetar lo que necesitamos, cuando nos vamos de viaje. Si vamos a visitar a la familia, esa maleta va llena de algunas cosas, que son diferentes si nos vamos de viaje con amigos; si vamos a la montaña o a la playa también metemos cosas diferentes. Un viaje largo a lo mejor requiere más maletas, mientras que un viaje de fin de semana solo con una mochila tenemos.

Lógico, ¿no? Somos selectivos, y sabemos qué vamos a necesitar, aunque conozco a más de uno que le encantan los "por si acaso". ¡Y esa maleta va que revienta!

La cosa es que, independientemente de a dónde vayamos, hay cosas que son imperativas, que siempre llevas contigo; hay otras que has decidido dejar, pero que sabes que, cuando vuelvas, estarán ahí; hay otras que vas a traer de vuelta del viaje.

En el camino a la reinvención profesional, también aplica algo parecido: no siempre vas a necesitar las mismas herramientas ni conocimientos que has acumulado a lo largo de tu vida; vas a tener que seleccionar algunos de ellos, tendrás que dejar a un lado otras cosas, y tendrás que adquirir otras competencias para seguir construyendo tu camino.

Pero, para mí, todo empieza con saber primero qué tienes ya, con qué recursos cuentas, gracias a tu historia académica y profesional, y qué habilidades has desarrollado gracias a tu historia de vida. Si no sabes que con qué herramientas cuentas, no sabrás qué seleccionar, no sabrás qué dejar y qué llevar en esta nueva aventura, tampoco sabrás qué necesitarás adquirir más adelante.

Entonces, en esta parte quisiera que nos enfocáramos en la toma de consciencia de tu perfil, de todo lo que puedes ofrecer y que empieces, desde hoy, a ver los recursos que ya tienes para construir muchas más posibilidades de carrera. Es decir, vas a ver qué es lo que llevas contigo siempre, a dondequiera que vayas.

Te invito a hacer un viaje a tu propia historia.

Cuéntate tu propia historia desde tu vida académica hasta hoy. Puedes hacer algo así como un mapa, que inicia en tu casa, en tu niñez o adolescencia. O bien puedes empezar por tu vida académica universitaria. Lo que sea más relevante para ti.

No todo el mundo tiene la misma historia. Si no fuiste a la universidad, no quiere decir que no tengas herramientas acumuladas que provienen de tu historia. Así que escoge empezar por lo más relevante para ti.

En ese camino que vas trazando, vas a terminar en tu trabajo actual, que probablemente está relacionado con algo que quieres hacer, pero quizás no es lo que quieres, o ya no te gusta mucho. Te recuerdo entonces que la trayectoria profesional que has recorrido hasta ahora, donde te encuentras hoy, es un reflejo de quién eras y de lo que la sociedad –o la familia- esperaban de ti.

Pero ya dejamos caer las barreras, ¿cierto? Así que te invito a mirar hacia atrás en tu carrera -y en tu vida-; mira con una lupa, para que seas plenamente consciente de tus habilidades y poder elegir lo que realmente quieres hacer a partir de ahora.

Reflexiona:

Dibuja un camino desde tu vida académica hasta tu momento presente y ve identificando las experiencias que has tenido. En la medida que avanzas en este capítulo, pregúntate:

¿Qué competencias he desarrollado en este camino?

¿Por qué las llamamos competencias duras?

En esta primera parte de tu inventario vamos a hacer un primer zoom en las competencias profesionales. Sin ánimos de ponerme muy técnica, aquí hablamos de los conocimientos y competencias que son propios del puesto de trabajo. También las llamamos "Hard Skills" o competencias duras.

Las competencias profesionales pueden ser técnicas, científicas, metodológicas; también podemos referirnos al uso de un software específico, conocimientos sobre un área funcional, industria o sector, etc. Los reconoces, porque están específicamente relacionados con lo que haces y son difíciles —no imposibles- de transferir a cualquier otro trabajo.

Te doy un ejemplo muy concreto:

Una cliente es ingeniera de procesos en la Industria del Petróleo y Gas, ha acumulado más de 10 años de experiencia relacionada con estudios conceptuales, de optimización y factibilidad, diseño de ingeniería de procesos básicos y front-end, ingeniería de detalle y actividades de construcción, sabe cómo utilizar simuladores de procesos como HYSYS, ProII, Pipephase, Flarenet, y está familiarizada con estándares internacionales como API y ASME.

¿Entiendes todo esto?

Probablemente no, a menos que también seas ingeniero o estés en el negocio de ingeniería de procesos de petróleo y gas.

Todos estos conocimientos son muy específicos de lo que ella hace en su campo y son excelentes ejemplos de competencias duras. También puedes identificar las habilidades que son específicas a lo que haces. Como, por ejemplo, en el caso de mi cliente, es el análisis técnico o la gestión de proyectos. Ya ves que los conocimientos y las habilidades en un área son lo que te hace competente en esa área.

En realidad, un reclutador no necesariamente te va a pedir que hagas la diferencia entre conocimientos y habilidades; esto te lo digo yo, porque quiero darte más información. Pero basta con que sepas identificar lo que es específico de tu trabajo.

Este es un ejercicio muy rico, especialmente si buscas hacer una evolución profesional en tu campo, industria y sector.

Antes de entrar en materia, conviene saber que no necesariamente tenemos que ser expertos en todas nuestras habilidades profesionales para poder utilizarlas en nuestro nuevo posicionamiento en el mercado. Hay muchos niveles en los que somos competentes en algo.

Observa esto:

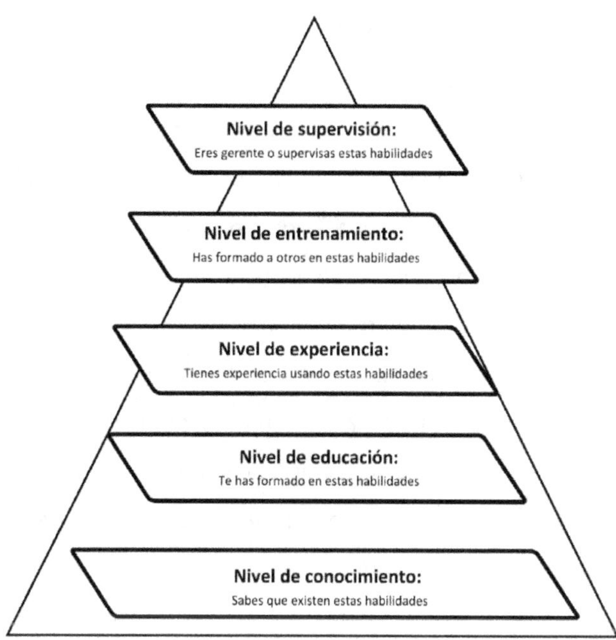

Escala de Niveles de Competencias

Esta escala la hice para que veas los diferentes niveles en los que puedes tener conocimientos o usos de las competencias. Ya ves que el nivel más bajo es el de conocimiento y el más alto el de supervisión. Vamos a ver esto con un ejemplo.

Digamos que yo sé que para vender hay que aplicar algunas competencias y técnicas de venta específicas. Sé que se puede usar la PNL, o técnicas de persuasión y de negociación, técnicas de cierre y de manejo de objeciones. Y, a lo mejor, hay muchas más técnicas que desconozco, pero sé que hacen falta para ser buen vendedor. Esto es tener nivel de conocimiento. Es lo mínimo, saber existe, que sea un tema familiar del que puedes tener una conversación básica.

Luego, vamos a decir que decido formarme en ventas, así que hago un curso, voy a un seminario, me saco una certificación o incluso un máster, y aprendo con profundidad todas esas herramientas y técnicas de ventas. Ahí ya estamos en el segundo nivel, el nivel de educación o capacitación. En este nivel, no solo el tema te es familiar, sino que ya dominas la materia, ya puedes lanzarte a aplicarla. Sí ves la diferencia, ¿no?

Seguimos, ahora voy y empiezo a vender, bien sea en un puesto de ventas (prospección, B2B, B2C, multinivel, grandes cuentas, puerta a puerta, etc.) o en mi propio emprendimiento. Aquí ya aplico las técnicas que aprendí en el curso, en algunas soy mejor que en otras, unas las aplico con confianza y me salen superbien, otras me las tengo que pensar, cometo errores y los corrijo, consigo mis propias mejores prácticas, que luego repito, consigo mi estilo auténtico de poner en práctica todas estas competencias, y tengo resultados que puedo compartir. Queda claro, ¿no?, aquí ya tienes no solo dominio del área, sino también experticia.

¿Qué sigue? Ahora que ya tengo experiencia y resultados puedo formar a un equipo de representante de ventas, por ejemplo. Con la experticia y modelos de mejores prácticas, lo que sigue es entrenar a otros con esas prácticas, para que ellos también tengan resultados. Aquí es donde se ponen a valer los ejemplos, las tácticas, las historias de éxito y las metodologías, así como también la pedagogía para pasarle el conocimiento a otro.

¿Has llegado a este nivel?

Seguro que sí, quizás no en todas tus competencias, pero en algunas sí habrás capacitado formalmente a un equipo, o a un reemplazo, o a algún pasante; todo esto cuenta como nivel de entrenamiento.

Y ya, por último, el nivel de supervisión. Aquí es donde dejo de vender para supervisar a ese equipo de representantes de ventas, les hago seguimiento, veo dónde tienen puntos débiles, dónde se les puede corregir y reforzar, veo los que tienen más potencial y cómo elevarlos.

Todo esto es posible, porque ya yo pasé por ahí, ya lo hice y tengo amplia experiencia y práctica en ventas para poder llevar esta supervisión a cabo. En este nivel es donde ya manejas equipos, no importa el tamaño. Por ahora, aquí solo hablamos del nivel que tengas en la competencia, no estamos hablando específicamente de la experiencia en gerencia como tal.

Sabiendo esto, y preparando los primeros pasos para reinventar tu carrera, es importante que tomes en cuenta que el hecho de que tengas solo nivel de educación en una competencia específica no significa que no puedas posicionarte para eso. Sin embargo, no comunicarás que eres un experto en ello. Nos convertimos en expertos desde el momento en que empezamos a acumular algunos años de experiencia práctica, cuando formamos a otros o cuando supervisamos esta habilidad específica.

Dime tú, tú eres el experto

Estamos aquí para hacer tu inventario de competencias, así que es hora de que te pongas manos a la obra en esta reflexión. Y tú eres el experto en ti, solo tú sabes exactamente lo que has hecho y las competencias que te han permitido hacer todo eso.

Para identificar las competencias profesionales, puedes concentrarte en las cosas que has aprendido o desarrollado en los diferentes trabajos que has desempeñado en tu vida profesional y en los cursos o carreras que hayas estudiado en tu vida académica.

Hay muchas formas de identificar tus habilidades, aquí tienes las 3 más comunes:

1. Trabajar con un coach o un asesor de carrera y hacer una evaluación de habilidades.

Un coach te ayudará a ver algunas de las habilidades que tienes y que probablemente no conoces, o aquellas en las que podrías estar subestimándote, ¡lo cual sucede a menudo!

Una evaluación formal de habilidades se ofrece como un servicio, que puede ser o no parte de un paquete de coaching, e incluye no solo el análisis de tus habilidades profesionales, sino también de tu personalidad, habilidades transferibles y orientación profesional. Es un método muy eficaz, ya que se trata de un profesional en apoyo profesional, que te ayudará a extraer de ti mismo tus talentos y mejores habilidades.

Bueno, es obvio que te voy a decir que este es el mejor método, porque es lo que yo hago como coach, y me parece excelente. Pero, bueno, fuera de mi profesión, si te digo que ayuda muchísimo, cuando es otra persona la que te ayuda en el proceso.

2. Utiliza hojas de inventario de habilidades o test de habilidades

Otra forma es hacer conscientemente un inventario de habilidades de tu área de especialización, industria o sector. Todo lo que necesitas es tener algunas hojas de inventario de habilidades sobre tu área de especialización y revisarlas para identificar las tuyas. He creado algunas, que puedes encontrar en mi página web, sección de recursos: jessicarojasliscano.com/recursos

Sinceramente, este no es el método más divertido que existe, y me atrevería a decir que definitivamente no es el más efectivo. Creo que es muy útil para obtener una lista de habilidades y la redacción para nombrar ciertas cosas que podemos hacer.

Mi principal reserva acerca de este método es que el inventario de habilidades que obtienes se limita a lo que piensas conscientemente sobre ti mismo. Es decir, a lo que sabes que sabes. Por lo tanto, si no tienes la suficiente confianza o consciencia de tus competencias, probablemente percibirás que no hay nada que puedas hacer. Lo he visto en varios clientes, y, al final, terminamos sentándonos a hacer una evaluación de competencias. Pero, bueno, este ejercicio es un punto de partida.

3. Extrae tus habilidades de tu propia historia profesional

¡Aprendemos mejor cuando escuchamos historias! Esto ha sido demostrado muchas veces. Cuando escuchamos historias, nos concentramos, somos parte de ellas, entendemos los detalles de ellas y podemos involucrarnos mucho en ellas.

El mismo principio se aplica a la hora de extraer tus habilidades de tu propia historia profesional. Cuando recuerdas diferentes situaciones que te tocó pasar durante tu vida profesional, te das cuenta de cuántas cosas puedes hacer, de lo bueno que eres y tomas plena conciencia de tus múltiples habilidades.

Existen muchas prácticas narrativas que pueden ser útiles para contar tus historias y extraer tus habilidades de ellas. A continuación, te propongo el método STAR, que además es muy utilizado en entrevistas de trabajos y te servirá para preparar entrevistas, si tu objetivo es buscar trabajo luego.

STAR viene del acrónimo del inglés Situation - Target - Action – Results. Es decir, situación, objetivo, acciones y resultado.

La situación se refiere al momento, en qué año fue, qué puesto tenías, qué estaba pasando en ese entonces.

El target o el objetivo es lo que había que lograr, puede ser un problema que hayas tenido que resolver o bien un objetivo que hayas tenido que alcanzar.

La acción, creo que es obvio, se refiere al conjunto de acciones y procesos que pusiste en práctica para alcanzar ese objetivo o resolver ese problema.

Y, ya, por último, los resultados son los resultados, ¿no?, que obtuviste al final, luego de poner en práctica todas esas acciones.

Al escribir tus historias y desarrollar este método de práctica narrativa, podrás generar una lista de habilidades profesionales.

Vamos a poner esto con un ejemplo.

S- Situación: María es experta en desarrollo e instalación de sistemas de información. En 2015 fue ascendida a Jefe de Proyectos y aceptó un proyecto muy desafiante. Su cliente era una gran corporación, que tenía en ese momento dos sistemas de reclutamiento y gestión de carrera diferentes para la contratación interna y externa.

S – Target (objetivo: Su problema era que el cliente necesitaba estandarizar todos los procesos de todas las filiales y subsidiarias en todo el mundo (117 países y diseñar un solo sistema de recursos humanos para todos. Pero diseñar e implementar un sistema de este tipo era muy complejo.

A - Acción: Junto con su equipo de desarrolladores y consultores de gestión de proyectos, María pudo encontrar un proveedor de una solución SAAS. Ella recopiló las necesidades específicas de los clientes, las puso por escrito en el lenguaje técnico para los desarrolladores, organizó varios talleres y seminarios con los representantes de los clientes de diferentes afiliados para obtener las especificaciones por país y las restricciones legales. Haciendo un buen uso de herramientas, como Microsoft Project, Visio y otro software, pudo asignar y administrar recursos, así como establecer plazos para los entregables, pruebas de aceptación del usuario (UAT y fechas de puesta en marcha. Ella estuvo detrás del diseño, configuración, prueba y lanzamiento del nuevo sistema.

R - Resultado: En septiembre de 2015, lanzaron con éxito el piloto en 3 países, y en diciembre implementaron una primera ola, compuesta por países europeos. En marzo de 2016 se lanzó una segunda oleada de países de Asia y el Pacífico y, a finales de 2016, después de un par de olas más, los 117 países se habían desplegado con éxito. Este sistema de información de recursos humanos sigue siendo la herramienta de contratación y movilidad interna de esta gran corporación.

¡Qué linda la historia de María! Si eres consultor en sistemas de información, seguramente compartes varias de estas. Si no eres consultor y no tienes ni idea de nada de eso, seguro no entendiste las competencias específicas, pero probablemente sí seguiste la estructura de la historia. La idea es encontrar un ejemplo de un desafío profesional que hayas tenido en el pasado y, a través de la narración, extraer las principales habilidades profesionales necesarias para lograr un resultado.

Una extracción de habilidades profesionales en la historia de María sería algo como esto:

Habilidades Profesionales: Soluciones SAAS, Sistemas de información de recursos humanos, Microsoft Project y Visio, herramientas y métodos de gestión de proyectos, redacción de especificaciones detalladas para el desarrollo, pruebas de aceptación de usuarios de informática, desarrollo de sitios web, redirecciones, minisitios, etc. Comprensión clara de los procesos de recursos humanos y sistemas de información.

Reflexiona:

Ahí tienes una historia, una lista de competencias. ¿Te atreves a contarte varias historias?

Utilizando el camino que dibujaste de tu vida académica y profesional, identifica las historias más relevantes y haz una lista de las competencias profesionales que aprendiste, aplicaste o incluso mejoraste con esos retos.

¿Y quién mejor que tú para esto?

Haber trabajado de cerca con reclutadores y tener la oportunidad de colaborar con muchos de ellos me ha enseñado que la selección de candidatos cada vez se hace menos en función de sus competencias profesionales, si no, más bien, en función de su personalidad.

Lo que hace la diferencia entre un candidato promedio y la persona que es escogida para el puesto no es lo que sabe hacer, sino cómo lo hace, y aquí es entonces donde entran a jugar las competencias personales, o las también llamadas "soft skills", en español competencias blandas. ¡Que en realidad no son nada blandas!

Y, ojo, esto no solo es válido para los que están buscando cambiarse de puesto; si quieres lanzarte como independiente o crear tu empresa, aquí vas a tener que entrar de lleno en la definición de tu marca personal o la de tu empresa, y esto va de la mano con tu esencia y tu personalidad, y entonces con tus competencias personales.

Así que vamos a definir bien qué entra dentro de esto que llamamos competencias personales. Aquí entran las habilidades que tienes, que no son técnicas ni específicas de una función, y pueden ser transferibles a cualquier trabajo.

Las competencias personales pueden ser de cualquier naturaleza: comunicativas, manuales/físicas, de gestión y organización, numéricas, lingüísticas, creativas y artísticas, sociales, de pensamiento crítico, investigativas, empresariales, naturalistas, etc. Esto es todo un mundo, y, por eso, es clave saber identificarlas.

Te doy mi opinión como coach de carrera: hacer un trabajo para identificar las habilidades personales es una de las cosas que encuentro más gratificantes y divertidas de mi trabajo.

Hay tantas cosas que las personas no saben sobre sí mismas que, cuando hacen una evaluación de habilidades, es como si descubrieran quiénes son realmente, su verdadera vocación y encuentran una verdadera fortaleza en sí mismas.

Entonces, ¿cómo identificas tus habilidades personales? Al igual que con las competencias profesionales, te puedo proponer tres métodos: trabaja con un coach o un asesor de carrera, haz un inventario usando análisis o test de habilidades, o cuéntate tu propia historia. Exactamente lo mismo que se hace para identificar las competencias profesionales aplica para las personales.

Al final, se trata de hacer un mapa de tu historia y extraer competencias que no son especificas al puesto, sino más bien habilidades generales o cualidades.

Reflexiona:

Continúa tu proceso de autoconocimiento, o más bien de reconocimiento.

Utilizando el mismo camino con tu historia, ahora piensa en las competencias personales que has acumulado a lo largo de tu vida.

Hablemos de fortalezas

¿Qué respondes, si te pregunto cuál es tu mejor cualidad?

¿En qué es en lo que más te destacas?

Y además te digo: ¡Respóndeme ya!

En promedio, cerca de 90% de las personas que se enfrentan a esta pregunta sin haberla preparado, se bloquean y necesitan al menos algunos minutos para pensar y decidir su respuesta. De estos, solo un 20% responderá con consciencia y certeza. El resto, o no sabe qué responder, o no está seguro de que realmente esas sean sus fortalezas.

En tu caso esperaría que supieras responder algo, ya que acabamos a hacer un inventario de competencias, y, si no lo has hecho, seguro que, al menos, te habrá emergido alguna idea con tu reflexión.

En esta parte no se trata solo de identificar una lista de competencias, sino saber realmente destacar lo más relevante, lo más predominante de ti.

Primero quiero comentar algo: no saber hablar de fortalezas, no saber "venderse", no saber autopromocionarse, es algo normal, ya que no estamos educados para hacerlo; en ningún sistema escolar o incluso familiar, salvo alguna excepción por ahí, nos enseñan o impulsan a reconocer o a resaltar nuestras competencias o cualidades.

No es una conversación que tenemos naturalmente, no es que vamos a tomarnos un café con un amigo y preguntamos: Mira, y ¿cuáles son tus mejores cualidades?, o ¿Podrías decirme qué ves en mí que te impresiona o que admiras? No, estas no son conversaciones que tenemos naturalmente y, dependiendo de la cultura de la que venimos, esto puede ser hasta incómodo.

Así que, si te pasa, y te sientes así, no te juzgues tanto, no seas tan duro contigo; es normal, pero es algo que puedes ir flexibilizando, en la medida en que tomas consciencia de ti y de tu perfil.

Dicho esto, ¿qué es lo primero que hacemos para poder hablar naturalmente de fortalezas? Pues lo primero es lo que hemos venido plasmando en este capítulo: tomar consciencia de tus habilidades es observarte, es simplemente darte cuenta de que hay cosas que se dan naturalmente bien, sin mucho esfuerzo, están ahí y son parte de ti.

¡Tanto son parte de ti que ni cuenta te das que son fortalezas!

Tengo un cliente que es excelente comunicador; es la persona más conciliadora que conozco, tiene una capacidad increíble de ponerse en el lugar del otro, de entender los puntos de vista y de negociación posible, y logra mediar en unas situaciones que parecían imposibles.

Cuando le pregunté cuál era su mejor fortaleza, me habló de números y de análisis financieros. Eso está muy bien, y, en efecto, es uno de sus puntos fuertes. Esas son competencias, ¡Está claro! Pero ¿quién es él cuando no está frente a un Excel? ¡Él es un mediador!

Esa es la fortaleza que lo caracteriza y, cuando la combina con otras competencias en su área se vuelve imbatible. Y eso es lo que hace la diferencia frente a otros financieros.

Mi papá es un storyteller, cuenta las mejores historias del mundo político, de la familia, de los amigos y las suyas, por supuesto. Siempre tiene un toque picante, interesante, y la gente se reúne o lo sigue solo para escucharlo hablar, porque es genial. Es un talento natural, entre la creatividad, la parte analítica, los conocimientos factuales, ¡tiene una fiesta de historias interesantísimas!

Eso es un ejemplo de fortaleza natural y de valor agregado. Más tarde hablaremos más sobre valor agregado, para que puedas definir el tuyo.

Entonces, más allá de tus competencias profesionales, y de las habilidades especificas a tu área, ¿quién eres tú y qué traes cuando estás presente? Puede ser el humor, pensar rápido, la eficiencia, puede ser ejecutar, poder escuchar y aconsejar, cualquier cosa. Y eso que eres, lo eres siempre, dentro y fuera del contexto profesional. Nuevamente, lo llevas contigo siempre, porque no eres disociable.

Y ya, por último, hay una línea fina entre la arrogancia y la seguridad. Una de las cosas que más nos frena al hablar de nuestras fortalezas es que tememos ser percibidos como arrogantes. ¡Pero esa línea no hace falta pasarla!

Hablar de ti, de tu historia, de lo que sabes hacer y de cómo eres naturalmente, reconocerlo, verlo y apropiarse naturalmente de esos talentos te harán transmitir tus fortalezas con seguridad y confianza.

Pero no por ello te vas a posicionar como el mejor del mundo, o vas a denigrar a los demás. Ahí está la diferencia con la arrogancia, y, créeme, que, para hablar de ti, para "venderte" bien, la clave no es la arrogancia, la clave siempre será la naturalidad.

Hack Mental:

Reprograma la idea que tengas sobre "venderte":

"Promocionar mi valor es válido. Cuando comparto lo que valgo es más fácil ayudar a lo demás".

Hablemos de debilidades

Vamos a hablar aquí entre tú y yo. ¡No eres perfecto, y no pasa nada!

Vivimos en una sociedad en la que nos venden demasiados productos y servicios para ser físicamente perfectos, socialmente aceptados y estamos emocionalmente embotados en una lucha constante por alcanzar esa perfección, que, en realidad, no existe y que tampoco hace falta.

En el mundo laboral, las empresas se fijan mucho en "las patas cojas" de los empleados: los procesos de reclutamientos están minados de preguntas para identificar las fallas y debilidades del candidato. Y a todos nos encanta hablar de los famosos "elementos de mejora".

Primero que nada, te recuerdo, como lo hemos hablado anteriormente, que naciste y creciste con absolutamente todo lo necesitas para tener éxito, ser feliz y cumplir tu misión de vida en el tiempo que estés aquí presente. ¡Eso incluye tus debilidades!

Tienes un set de fortalezas, que son exactamente lo que necesitas para que te vaya bien, con lo cual las debilidades que tienes no te van a impedir alcanzar tus objetivos.

Hack Mental:

Esta primera premisa es extremadamente importante para tu reinvención profesional y para programarte para tener éxito, así que repítela conmigo:

"Tengo todo lo que necesito para triunfar; lo único que necesito son mis fortalezas; mis debilidades no son un impedimento para alcanzar mis metas".

¡Ya está! Ya lo tienes. Si entiendes esto, ¡ya tienes un gran paso hecho!

Segundo y superimportante, según Daniel Ofman, consultor holandés especializado en funcionamiento organizacional, cada debilidad que mostramos no es más que una consecuencia de una cualidad fuerte que tenemos.

Ofman desarrolló un modelo que se llama el "cuadrante de cualidades", en el cual explica que, cuando tienes una cualidad y esa cualidad la estiras mucho y la exageras muchísimo, la llevas a un extremo en el cual deja de ser algo positivo y se convierte en una molestia.

A esto lo llamó "la trampa", y es exactamente lo que ocurre la mayor parte del tiempo. Tenemos debilidades, sí, pero es que simplemente es imposible no tenerlas.

Los seres humanos tenemos polaridades. Es imposible que estemos siempre operando de la misma manera, y es en esos cambios de polaridad donde podemos encontrar las debilidades y entender que son parte natural de cada uno de nosotros, y que, nuevamente, no pasa nada ¡No tienen nada de malo!

Te doy un ejemplo concreto: tengo un cliente que es sumamente organizado y planificado, todo lo lleva con un marco medible. Por ejemplo, lleva un Excel con ponderaciones y medidas para cada elemento que analiza en alguna situación. La organización y la planificación son una virtud y ciertamente son una fortaleza.

Mi cliente tiene un cargo directivo, toma decisiones, lleva las riendas de un departamento y le gusta no solamente que su opinión sea tomada en cuenta, sino ser partícipe de la evolución de la empresa.

Pero ¿qué le pasa a veces a mi cliente? Que a veces, cuando las cosas no salen como las planifica, entra en pánico, se bloquea y no ve la salida rápidamente.

Porque él pasa tanto tiempo analizando, anticipando escenarios, haciendo el plan de acción correspondiente, etc. que no logra salir de sus opciones rápidamente, con lo cual se vuelve un poco (o bastante) rígido.

¿Esto quiere decir que mi cliente es siempre una persona rígida? No, porque no siempre lo es, pero sí tiene momentos de rigidez que vienen necesaria y naturalmente con esa virtud que es la organización y la planificación.

Esto es lo que yo llamo operar en la luz u operar en la sombra. Cada rasgo de nuestra personalidad, absolutamente cada uno de ellos, puede convertirse en una gran virtud o en un obstáculo, dependiendo del lado en el que operemos.

Si nos mantenemos en la luz, nuestros rasgos de personalidad serán positivos y constructivos; si pasamos a la sombra, se convertirán en algo que no nos deja avanzar.

Tomemos otro ejemplo: la flexibilidad es una virtud en el momento en el que nos ayuda a adaptarnos, escuchar soluciones, cambiar de opinión por algo mejor, etc. Mientras operemos en la luz, nos puede servir para cualquier cambio u evolución profesional, o simplemente llevar el día a día en una economía tan cambiante.

Pero, si operamos en la sombra, el exceso de flexibilidad puede convertirse en dispersión, en falta de decisión, e incluso podemos convertirnos en un objetivo muy manipulable. Lo cual bloquea nuestra propia evolución personal y profesional.

Entonces, ¿qué hacemos con las debilidades? Pues primero vamos a identificarlas.

Empieza por analizar tus fortalezas y exagéralas. ¿Qué pasa cuando es demasiado eso bueno que tienes? ¿Qué pasa cuando operas en la sombra de tus rasgos?

Ahí está tu debilidad.

Segundo, busca un ejemplo personal y observa qué pasa cuando estás en ese momento de caos, de bloqueo, en el que es tu debilidad la que emerge.

Cuando estamos operando en la sombra, te puedo asegurar que siempre hay otro rasgo de tu personalidad que viene al rescate, ese rasgo que viene a ayudarte a encontrar el balance.

Observa con atención y te vas a dar cuenta de que no te quedas bloqueado para toda la vida. Porque el ser humano está diseñado para sobrevivir y avanzar, no para destruirse.

Así que obsérvate e identifica qué fortaleza te salva de tus debilidades, para que puedas activarla conscientemente una próxima vez que te sientas dominado por tu debilidad. Así que aquí lo tienes:

LAS DEBILIDADES SON UNA CONSECUENCIA DE UNA FORTALEZA QUE TIENES, O EL RESULTADO DE OPERAR EN LA SOMBRA DE TUS RASGOS.

¡Nada más! Son algo natural y son parte de ti, no puedes tener una fortaleza sin una debilidad.

Y ya sabes, identifica la fortaleza que te ayuda a encontrar el equilibrio, que, si estás en búsqueda de mejora constante y de evolución, ¡lo mejor es que te des cuentas de que ya tienes en ti mismo todas las herramientas que necesitas!

El sueño de trabajar en L'Oreal

Hace unos 7 años, una de mis estudiantes de l'IESEG en París, Lauren, estadounidense, no hablaba francés, con poca experiencia, terminando un Máster en Negocio Internacional (MIB), quería hacer una práctica en París. Sin embargo, no sabía cómo posicionarse, ni por dónde empezar. Algo muy normal, así que pidió una sesión de coaching uno a uno conmigo.

Iniciamos la sesión con un error clásico. Lauren me dice: "Este es mi CV, ¿qué trabajo puedo buscar?, ¡estoy perdida!".

A lo cual respondí: "no se trata de empezar a buscar un trabajo en función del CV, sino de determinar primero qué quieres hacer, cómo te quieres posicionar, qué te motiva, qué puestos existen en este mercado que respondan a esas preferencias, y luego sí podemos construir el CV y todas las herramientas de marketing."

La carita de Lauren es inolvidable. No hacía falta que dijera que estaba perdida, ¡su expresión - ceño fruncido, labios retorcidos, y cabeza semi inclinada- gritaba que no entendía nada!

Me decía: "cómo es posible elegir lo que quiero hacer, cómo los reclutadores me van a elegir así, y cómo puedo postular a algo que quiero, si no tengo realmente nada que ofrecer."

Entiendo perfectamente su angustia y su poca visibilidad. Lauren había estudiado comunicación en Estados Unidos y el máster que estaba haciendo, el MIB, era bastante general. Su experiencia había sido un par de años como profesora de inglés, había trabajado en campañas políticas reclutando personas y creando patrocinios, también había hecho algunos trabajos como freelancer escribiendo artículos para revistas. Un poco de aquí y un poco de allá, nada muy estable, nada muy concreto.

Estos perfiles a mí no me hacen reaccionar de mala manera; definitivamente creo que todo es posible, y que, si hay voluntad y determinación, uno encuentra su lugar. Así que, le dije a Lauren: "Y ahora que terminas este máster, ¿en dónde te gustaría trabajar y en qué rol?"

Tomó una pausa, una respiración profunda, bajó la cabeza y miró al piso. A unos cuantos segundos subió la cabeza, me miró y me dijo: "Es una locura, y sé que es imposible, pero mi sueño siempre ha sido trabajar en una empresa como L'Oreal aquí en París, por eso vine hasta aquí. En este momento, luego del máster, me encantaría trabajar en recursos humanos, ¿ves por qué estoy tan perdida?"

¡Parece que fue ayer cuando tuve esta conversación con ella! Me acuerdo de todos los detalles, y, más aún, lo increíble que pasó después.

Lo primero que hice con Lauren fue trabajar en su sistema de creencias, eliminar la expresión de imposibilidad, porque íbamos a trabajar fuerte en la identificación de competencias profesionales y personales para hacer posible su sueño.

Hicimos un recorrido bastante superficial, como un mapa, de su historia, para extraer competencias valoradas en el mundo de los recursos humanos, todo esto de una forma general. Pero fue suficiente para que ella misma viera que sí tenía algo que ofrecer.

Luego buscamos puestos de prácticas en L´Oreal, y justamente conseguimos un Trainee Program (Un programa para recién graduados, que permite entrar como una práctica, con el objetivo de quedarse luego en un trabajo a tiempo completo), específicamente para recursos humanos. Este puesto era 100% en inglés, y tocaba muchas áreas de recursos humanos, incluyendo una gran responsabilidad en el desarrollo de la marca de la empresa y comunicación interna.

Ahí sí fuimos al detalle, leímos la especificación del puesto casi con lupa, línea por línea, palabra por palabra, y en cada aspecto le pregunta a Lauren: ¿Dónde y cuándo, en tu experiencia, has hecho algo similar?

Con mucha dificultad al principio, pero a poco con más fluidez, Lauren solita fue viendo cómo su perfil respondía a ese rol, cómo sus competencias profesionales en redacción, el manejo del inglés y la creación de contenido podían ayudar en las tareas de comunicación interna, cómo sus competencias en el manejo de campañas políticas eran transferibles al manejo de campañas de reclutamiento y cómo su pedagogía en sus clases de inglés era capitalizable en el soporte de desarrollo de programas y talleres para empleados.

Su personalidad hacia un match perfecto con la personalidad que buscaban: alguien analítico, colaborador, con toma de iniciativas, paciente, diligente y organizado. No recuerdo si estas eran las palabras exactas, pero por ahí iba la descripción.

Lauren terminó la sesión con un CV completamente reconstruido, con la mente abierta, con más confianza en su perfil y en lo que podía ofrecer y con cierta convicción de que tenía sentido aplicar al puesto de L´Oreal. Le deseé suerte y mucho éxito.

A la semana me llega un email de Lauren en pánico. El objeto del email decía: ¡Ayuda! ¡!!Tengo entrevista en L'Oreal!!!

Le di cita inmediatamente y no podía con la felicidad. Cuando Lauren entró a la oficina, le vi cara de pánico. Estaba hasta pálida. Y me dijo: "¡Me llamaron! ¿Y ahora cómo hago, si este CV está todo reconstruido?"

Más que una sesión de preparación de entrevista fue una sesión de preparación mental. Solo me dediqué a hacerle preguntas sobre sus experiencias y habilidades que correspondían al puesto, y me permití recordarle que no inventamos nada, que simplemente reubicamos sus competencias y las comunicamos estratégicamente para lo que buscaban en ese puesto, pero que, al final, todo lo que estaba escrito en ese CV era ella, con sus habilidades, sus experiencias y su esencia. Y, si el reclutador de L'Oreal lo vio y la llamó, es porque también vio ese potencial. ¡Y en eso hay que saber confiar!

Terminó la sesión y le desee éxito de nuevo. A la semana recibí otro email. "Me contrataron", decía el objeto del email.

Lauren cumplió su sueño, trabajar en L'Oreal en París, en un programa excelente que le permitió iniciar su carrera en recursos humanos. Todo gracias a atreverse a identificar sus competencias y a reconocerse en ellas.

Para mí es un gran ejemplo de reinvención o reorientación profesional, como quieras llamarlo. ¡Es un gran ejemplo de que sí se puede!

Hack Mental:

Tu mente se hace más fuerte y flexible en la medida que conoces historias de posibilidad. Recuerda esto:

"Si puedo crearlo en mi mente primero, y me permito tomar las acciones que me llevarán a lograrlo, lo imposible se vuelve posible".

Me gusta todo, no me especializo en nada. ¡Qué problema!

Esta parte va dirigida a aquellos que quieren hacer millones de cosas, a los que les interesan muchos temas, a los que se aburren rápido en un puesto, a los que tienen millones de ideas y no logran pasar a la acción, a los que tienen una historia laboral poco constante, o una vida académica muy cambiante ¡Y, sí, también a los que siguen siendo criticados, porque no quieren sentar cabeza!

La mayoría de las personas estudia una carrera, se especializa y empieza una vida laboral en una evolución constante y coherente. Esto es lo que la sociedad acepta, promueve y aplaude. Cualquier cosa que se salga de la línea, debe tener algún problema.

¡Pues no! No hay ningún problema en explorar y explotar otras opciones. También es bienvenido cambiar de carrera en algún momento, también lo es crear diferentes fuentes de ingresos y diversificar la vida profesional.

En mi experiencia como coach profesional me he encontrado con muchos perfiles e historias de este tipo: personas que han estudiado varias cosas, porque no habían podido decidirse, otros que tienen mucha experiencia, pero en áreas distintas y que no todas encajan necesariamente en una historia; también he visto mucho los famosos "huecos" en el CV, porque hubo un despido y la persona no se sentía motivada de buscar el mismo trabajo, o algunos que se lanzaron en una aventura de emprendimiento que no funcionó. Y tengo muchos ejemplos más.

¿Nuevamente, esto quiere decir que sea malo? ¿Quiere decir que la persona parece ser indecisa o no comprometida, y eso está mal visto? ¿Quiere decir que personas con ejemplos como estos siempre tendrán problemas para ubicarse en el mercado laboral? Desde mi punto de vista no, pero es importante puntualizar por qué pasa esto, y para mí hay dos opciones.

La primera es que la persona no ha encontrado esa razón, ese porqué del que hablamos en el capítulo uno que la haga moverse y diseñar una carrera con sentido y propósito en la que sienta que si quisiera comprometerse a largo plazo. Entonces, si este es tu caso, sigue leyendo, que para eso estamos aquí, para realinear y reconstruir.

La segunda opción es que estamos frente a lo que se conoce como un perfil multipotencial. Es ese tipo de persona que tiene varios intereses y talentos: se les da bien varias cosas y son naturalmente curiosos por cosas nuevas, con lo cual quedarse en un solo sitio o tener una sola "carrera" no solo es aburrido, sino que no se les da bien.

Si algo de esto te suena, es posible que seas un perfil multipotencial y esto puede ser o un problemón o una oportunidad genial: todo depende de ti y de tu mentalidad. Por qué, ¿cuál es el problema de los perfiles multipotenciales? En realidad, no hay ningún problema, pero la sociedad te hace pensar que sí lo hay.

Y es ahí donde puedes percibirlo como un problemón.

Pero Superman no tenía conflictos de carrera

Bueno, no confundamos perfiles multipotenciales con ser superhéroes. No estamos hablando de perfiles específicos ultra superdotados, que evidentemente deberían tener un soporte de carrera y estar en entornos diferentes para poder desarrollar al máximo ese potencial.

El término de perfil multipotencial fue acuñado en psicología para referirse a la capacidad de una persona para sobresalir en dos o más campos distintos. Los perfiles multipotenciales van a notarse claramente, porque son buenos en actividades muy diversas. Alguien podría ser un excelente médico, al mismo tiempo que un muy buen dibujante y cocinero: esa es la definición de la multipotencialidad.

Hay varias señales inequívocas de perfiles multipotenciales.

A nivel comportamental: las personas multipotenciales son curiosas, tienen muchos intereses, se hacen muchas preguntas, son de aprendizaje rápido, hacen sinapsis y asociaciones donde otros no las ven, se les ocurren cosas muy rápido y, por lo general, les salen bien.

A nivel de competencias: son de esas personas que son buenos en todo. Bueno, quizás no en absolutamente todo, pero sí en muchísimas cosas. Tantas cosas que a una persona no multipotencial le sorprende lo "duros" que son. Por ejemplo: son buenos en números, tienen una cultura general amplísima, se acuerdan de todo, son buenos en varios deportes, saben bailar, tienen una vida social activa, ¡y, además, cocinan bien! ¿Cómo lo hacen? No sé, ¡pero todo les sale bien!

¿Cuáles son los retos de un perfil multipotencial? Bueno, la mayoría no logra durar en un puesto de trabajo, porque se aburre muy rápido. También pasa que buscan formarse en algo para cambiar de carrera, que no está mal, pero a ellos les puede pasar con mucha frecuencia y esas nuevas carreras tampoco duran mucho.

Para muchos ocurre que, cuando buscan trabajo, tienen varias alternativas de puestos y se sienten presionados, si tienen que escoger una sola cosa, lo que los lleva a sentirse diferentes, aislados, incompletos e insatisfechos profesionalmente. Sobre todo, si se comparan con personas que no son multi potenciales, que sí han construido una carrera estable durante años.

Hace poco tuve en mi sesión de coaching a una cliente claramente multipotencial. Una parte de su carrera fue en consultoría en Mergers and Acquisitions, es decir, en finanzas duras, también estaba formada en arquitectura y diseño de interiores, es instructora de Yoga Kundalini, y prepara talleres y formación de desarrollo personal, sin contar que se ha mudado de ciudad varias veces y habla varios idiomas.

La razón de venir a mi coaching fue una muy clásica: quisiera que me ayudaras a definir lo que, de verdad, tengo que hacer y cómo empacar lo que he hecho en una sola función que pueda monetizar.

¿Qué pasa cuando ella trata de escoger? Si ella hace una de estas cosas separadamente, llega un momento en que algo le aburre, o algo no está 100% alineado con sus valores personales, o algo no le da dinero suficiente, ¡Siempre hay algún "pero"!

La realidad es que un perfil multipotencial es muy rico, y necesita de muchas cosas para nutrirse y vivir su potencial pleno. Pero es vivir en ese conflicto de escoger una sola cosa, porque la sociedad y la idea de tener seguridad financiera así te lo dicen, lo que los drena.

Así que primera conclusión: si eres multipotencial, acéptate y acoge tu perfil, porque lo que tienes es una riqueza de competencias y, con ello, de opciones. Y segundo, lo mejor es que tomes consciencia cuanto antes de que lo más probable es que no tengas una vida profesional "normal", sino muy variada y dinámica.

Si crees que eres multipotencial, entonces te recomiendo lo siguiente, para que diseñes una carrera que tenga sentido y te llene plenamente:

Primero que nada, no trabajes solo. Trabaja con un profesional, bien sea un coach de carrera, o incluso con algún terapeuta, para definir primero que efectivamente eres multipotencial, y para que vayas acogiendo esto con naturalidad. Recuerda que aceptarte como tal es la primera clave para resolver el conflicto interno que puedas tener y para hacerle frente a una sociedad que no lo entiende. Más adelante hablaremos de la identidad profesional y de la importancia que tiene en el diseño de tu carrera.

Identifica tus intereses y define las posibilidades de capitalizarlos. Como perfil multipotencial deben interesarte muchas cosas, pero tampoco te interesan todas las cosas del mundo ni de la misma manera. Así que lo primero es eso: identifica qué es lo que más te interesa, qué temas, qué profesiones, qué tareas, y llévalas a una lista con un rango de prioridades. Luego pregúntate cómo puedes monetizar cada una de esas cosas.

Identifica lo que más te llena. Observa tu vida profesional actual, de manera de que puedas identificar con honestidad lo que te drena, lo que te llena y lo que te carga de energía. Lo mejor es llevar un diario durante más o menos un mes, que todos los días lleves las anotaciones de las tareas y de lo que te produce cada una. Si tu trabajo es rutinario, no creo que necesites un mes, quizás con una semana ya podrás identificar lo que necesitas. Si tu trabajo cambia mucho, quizás más de un mes sea útil. La idea es identificar lo que quieres cambiar, ¿Qué quieres menos y qué quieres más? Y pregúntate: ¿Cómo quieres llenar tu agenda?

Diseñar una profesión alineada con la naturaleza de tu perfil, una "carrera tradicional" escogiendo una sola cosa, es posible. Pero deberás tener muchos hobbies en paralelo, para que puedas sentirte pleno.

Si decides irte por esta opción, te recomiendo que escojas un trabajo con lo que tienes en la lista mejor ranqueado a nivel de intereses y capitalización. Si no, te recomiendo que diseñes una carrera con actividades variadas que te motivan y te hagan desarrollar tus potenciales al máximo.

En el próximo apartado te dejo dos opciones increíbles para diseñar tu carrera y, si eres multipotencial, estoy segura de que una de estas opciones te va a encantar.

Reflexiona:

Si crees que eres multipotencial...

¿Con quién podría trabajar para que me acompañe en el diseño de mi carrera?

¿Cómo sacarle provecho a lo que sabes?: Empaqueta o crea un portafolio

Seas multipotencial o no, cuando tienes muchos intereses y muchas competencias, bien porque te has formado en cosas diferentes, o porque has trabajado en cosas distintas, lo que has hecho ha sido acumular competencias, conocimientos y habilidades.

¿Cierto?

Entonces, lógicamente tienes un perfil superrico y puedes capitalizarlo de muchas maneras.

La primera estrategia que puedes poner en práctica para sacarle provecho a lo que sabes es empaquetar. Es decir, buscar una forma de empaquetar, si no todas, una buena parte de las cosas que sabes.

Te doy un ejemplo: en mi empresa, aparte de coaching y formación, damos clases de inglés para impulsar el desarrollo profesional. Uno de mis profesores no solo es profesor de inglés, sino que en su experiencia profesional trabajó en el mundo de negocios y también en el sector legal. Hoy se posiciona como experto en inglés de negocios, y lo ubicamos en proyectos corporativos o para personas que tengan necesidades de aprender inglés en un contexto legal.

Sus experiencias de vida fueron muy variadas, pero es justamente eso lo que permitió crearse un nicho, una especialidad gracias a ese paquete de competencias.

No solamente eso, sino que es un excelente bailarín de salsa y bachata, y también da clases de salsa y bachata en inglés, o clases de inglés a través de la salsa y bachata, ¡o sea, que hace unos talleres increíbles!

¡Eso sí que es saber empaquetar competencias con creatividad, gusto y mucha calidad!

¿Si lo ves?

Entonces, ¿cómo podrías empaquetar tus competencias?

¿Qué nicho natural podrías tener?

¿O qué posicionamiento podrías crearte de una forma original y auténtica, porque solo tú tienes esa historia de vida?

¡Empaquétalo!

Empaquetar es una forma excelente de crearte un posicionamiento único y divertido para ti, y te aseguro que te motivará a seguir adelante con tu carrera, porque pondrás en práctica diferentes formas de hacer algo.

¿No te gusta la idea de empaquetar?

No importa, te tengo otra opción.

La segunda estrategia es crear un "Portfolio Career", en español se llama portafolio de carreras o cartera de carreras.

Un portafolio de carrera se trata de diversificar tu vida profesional a través de diferentes actividades y trabajos, de manera que tus ingresos no provengan de un solo trabajo, sino de varios, y que tus semanas, meses y años estén diversificados a nivel de actividades y estímulos.

Esta es una solución espectacular para perfiles multipotenciales. Pero aun si no eres multipotencial, pero quieres crearte una carrera más diversificada y original, esta puede ser una solución para ti.

Un portafolio de carreras se parece a algo así.

Esto está inspirado en un cliente real, vamos a llamarlo Arthur.

Arthur es instructor de surf y de esquí. También tiene experiencia en marketing digital y en diseño gráfico, para lo cual tiene un estatus de freelance constituido, con el cual puede facturar a sus clientes.

Arthur organiza su carrera más o menos de esta manera:

Temporada del año	Actividad 1	Actividad 2
Invierno	Instructor de esquí en Les trois Vallées (Octubre-diciembre)	Instructor de esquí en Val d'Isèren (Enero-marzo)
Verano	Instructor de surf en Hossegor (Abril-junio)	Instructor de surf en Esquiro (Julio-septiembre)
Todas o cualquiera	Diseño gráfico	Marketing digital

En invierno se dirige a sus estaciones de esquí y pasa la temporada como instructor de esquí. En la tabla pongo ejemplo de nombres de estaciones de esquí. No son solamente estrictamente esas dos estaciones, pero podría arreglarse la temporada en dos o hasta tres estaciones distintas.

En verano, hace algo similar, se dirige a playas y centros vacacionales, donde puede ejercer como instructor de surf durante la temporada. En la tabla hay dos ejemplos, pero nuevamente, tiene flexibilidad.

Por lo que entiendo, yo no soy nada experta ni practico surf, pero supongo que rara vez un instructor pasa una temporada entera en un solo sitio. Así que esta tabla puede ser mucho más extensa y con más movilidad. Pero creo que se entiende el ejemplo.

En las temporadas intermedias varía su actividad, a veces hace proyectos de diseño gráfico con uno o varios clientes, dependiendo de la magnitud y de la urgencia de las demandas.

También puede hacer algún proyecto de marketing digital con uno o varios clientes.

Actualmente, Arthur se está formando como alpinista y guía de montaña. Estas son otras actividades para agregar a su portafolio, que podrá hacer no solo en alguna estación, sino a lo largo del año.

Esto, por supuesto, se adapta 100% a él, que es una persona móvil, no tiene hijos ni familia que dependan de él, ni tiene por qué estar arraigado en un lugar.

Por eso, es un ejemplo perfecto de cartera de carreras diseñada para sus necesidades, potenciales y gustos actuales. En cada momento, Arthur se divierte y capitaliza sus competencias, sacándole provecho a lo que sabe y le gusta.

Entonces, ¿cómo podrías diseñar tu cartera de carrera?

De la misma manera, puedes empezar por identificar cuáles son tus prioridades, cuáles son tus gustos y lo flexible que puedes ser para algunas actividades. Y luego vas distribuyendo en función del rol. ¿Son roles–estacionales, como los de mi cliente? ¿O son roles más bien constantes, pero que puedes hacer a tiempo parcial?

Podrías también tener un trabajo fijo y algunos estacionales por contratos. Lo importante es crear el porfolio y poco a poco ir agregando nuevas actividades que te hagan ilusión, que quieras hacer y que te permitan tener un ingreso.

De eso se trata el portafolio de carrera.

Hack Mental:

Tu perfil está rico de problemas o de ventajas, depende de cómo tú lo veas. Decide ver las ventajas con este hack mental:

"Todas mis experiencias y competencias me sirven. Puedo capitalizar mi perfil como quiera, no hay nadie en el mercado como yo".

Ségolène, la artista detrás del control

Durante la pandemia, intervine como consultora de transición profesional en una empresa que estaba haciendo despidos masivos. En ese momento acompañé a más de 20 personas a reposicionarse. En este tipo de proyectos, según el marco legal que protege al empleado y el presupuesto de la empresa, una persona susceptible a ser despedida puede escoger uno de estos tres proyectos profesionales: buscar trabajo, crear una empresa o hacer una reconversión profesional por medio de una formación.

Una de mis candidatas, Ségolène, llegó a mi consulta sin haber definido ningún proyecto. Estaba bastante perdida y, como su puesto iba a ser suprimido, tenía que definir rápidamente cuál sería su próximo paso. Tenía una presión horrible, porque sentía que su única opción viable era buscar trabajo, pero definitivamente eso no era lo que más la inspiraba.

Ségolène era controladora de gestión. Estudió una carrera en negocios, especialización finanzas, y luego un máster en finanzas de empresas. Su familia era de financieros y su padre siempre le decía que lo mejor era trabajar en un banco, que era lo más seguro y prestigioso. Con 15 años de experiencia, unos 40 años, madre de 2 hijos pequeños, y un despido inminente, era normal que Ségolène se hiciera muchas preguntas.

Considerando el contexto, lo primero que le propuse fue hacer una evaluación de competencias; teníamos tiempo para definir el proyecto, y el cliente (su empleador, la empresa) no ponía limites en términos de citas, así que aprovechamos para indagar.

Lo primero que hago en estos casos no es empezar por las competencias profesionales ni personales, sino, como bien lo sabes, empiezo por los valores personales, el propósito, el porqué, el IKIGAI. Ségolène tenía una fibra artística muy marcada, que la tenía guardada, y solo salía a jugar en momentos de esparcimiento. Entre el trabajo y el tiempo que pasaba con sus niñas pequeñas y su esposo, poco le quedaba para ella. Sin embargo, el tiempo que le quedaba lo usaba para hacer piezas de cerámica y otras artesanías.

Cuando le pregunte qué le gustaba y cómo prefería pasar su tiempo, me habló mucho de su arte, de cómo se le iba el tiempo en el estado de Flow (sin que ella supiera que estaba en el estado del Flow), de cómo despertaba su creatividad, e incluso, me mostró las piezas que usaba como decoración en casa, y además tenía amigos que le pedían piezas por lo lindas y elegantes que eran.

Para mí su proyecto estaba claro, sus competencias eran evidentes y su motivación también lo era. Pero ¿por qué Ségolène no vino directamente a decirme que su proyecto era una reconversión profesional, y que quería crear un taller de artesanías? Porque tenía creencias limitantes sobre su identidad profesional y sus competencias. Porque tanto le habían dicho que estudiar finanzas y trabajar en ello era lo que tenía prestigio y seguridad que en su mente no era posible ser artista: eso era solo un pasatiempo.

La realidad es que Ségolène no era feliz haciendo control de gestión, ¡para nada! Lo hacía, porque sabía hacerlo y porque le generaba un buen sueldo, pero su corazón no estaba ahí. Pasamos un par de sesiones hablando de esto, de creencias limitantes sobre lo que representa un trabajo seguro y lo que es el prestigio y el estatus, y poco a poco Ségolène se fue flexibilizando y permitiéndose ver otras opciones. Y finalmente se planteó la posibilidad de ser artista y tener su propio taller. Nunca se lo propuse, vino de ella.

Solo faltaba una cosa por hacer para terminar de crear el efecto "ajá" y las condiciones para que tomara una decisión. Ahí sí le propuse que trabajáramos sus competencias, pero no me enfoqué solo en que me contara su historia profesional y académica, sino que en cada etapa le preguntaba: ¿Y cómo te sirve eso, si quisieras crear un taller de artesanías?

Cada historia que me contaba, cada competencia de la que hablaba, cada ejemplo de proyectos en los que había trabajado, aun en lo más remoto y alejado al mundo artístico, lo asociamos y enfocamos al taller de artesanías. Ségolène se dio cuenta de que sus competencias en finanzas de empresa la ayudarían en el manejo de su negocio, a fijar precios y márgenes, que la contabilidad de costos iba a ser superfácil. Vio que tenía conocimientos en fiscalidad, que facilitarían al menos sus primeros años, hasta que tuviera un equipo o un contable que la apoyara. Entendió que su lado exigente, rigoroso, o, como algunos dirían, "cuadriculado", no le restaba creatividad, sino que más bien la llevaban a un acabado exquisito y meticuloso, llevándola a crear piezas de cerámica de gran calidad. Se paseaba entre el hemisferio derecho e izquierdo del cerebro, ¡como los grandes artistas!

¡Todo es transferible!

Es solo que no siempre es evidente cómo se hace, pero todo es transferible y capitalizable. Ségolène lo entendió. Esa sesión de análisis de competencias transferibles le cambió todos los paradigmas y le hizo romper sus creencias limitantes respecto a sus competencias e identidad profesional.

Con toda la honestidad del mundo, aquí que me estás leyendo, yo pensé que vería a Ségolène un par de sesiones más para seguir trabajando su perfil y sus creencias, pero no fue así. La siguiente vez que pidió cita fue para decirme: "Ya me decidí, escojo el proyecto de reconversión profesional, voy a hacer esta formación en esta escuela y aquí tienes mi dossier con mi proyecto completo y todos los documentos". Todo listo para dárselos al empleador y proceder a su despido ¡Ese rigor no le faltó en el último minuto!

En ese momento, Ségolène hizo de su despido una oportunidad de reconversión, de reinvención y de diseño de una vida profesional con propósito y disfrute.

¡Y la sonrisa en mi cara duró el resto del día!

Si quieres ver el trabajo de Ségolène (¿Yo no lo dudaría!), aquí tienes su Instagram y pagina web: https://www.instagram.com/segolenehorreard/, https://segoleneh.fr/

¡Usa tus talentos donde si los aprecien!

Quiero cerrar este capítulo con una de esas metáforas que inspiran: por supuesto, esta vez no es de ningún cliente real y aunque busqué y busqué, no conseguí quién es el autor original. Así que solo me limito a decir que esta parábola no la escribí yo, la tomé prestada. Aquí, te la dejo:

Una madre camello y su bebé yacían debajo de un árbol. Entonces el bebé camello preguntó: "¿Por qué los camellos tienen joroba?"

La madre camello consideró esto, y dijo: "Somos animales del desierto, por lo que tenemos las jorobas para almacenar agua para poder sobrevivir con muy poca agua".

El camello bebé pensó por un momento, y luego dijo: "Ok, ¿por qué nuestras piernas son largas y nuestros pies redondeados?"

La mamá respondió: "Son para caminar en el desierto".

El bebé hizo una pausa. Después de un latido, el bebé camello preguntó: "¿Por qué nuestras pestañas son tan largas? A veces se interponen en mi camino".

La mamá respondió: "Esas pestañas largas y gruesas protegen tus ojos de la arena del desierto cuando sopla el viento".

El bebé pensó y pensó. Luego, dijo: 'Ya veo. Entonces, la joroba es para almacenar agua, cuando estamos en el desierto, las piernas son para caminar por el desierto, y estas pestañas protegen mis ojos del desierto; entonces, ¿por qué estoy en el zoológico?"

Reflexiona:

Las metáforas nos ayudan a ver lo que no siempre vemos, así que te invito a que te preguntes:

¿Estoy en el lugar correcto?

Hack Mental:

No te encierres en una sola opción, si estás dotado de talentos, de competencias, y hasta de características físicas, que te ayudarán no solo adaptarte, sino a brillar en uno o muchos entornos diferentes.

"El mundo está lleno de posibilidades, escojo estar donde me aprecien y donde pueda desarrollar mi potencial".

Capítulo 6: Tus herramientas internas

¿A quién le mientes?

Lo veo en empleados sentados ahí en sus puestos de trabajo cabizbajos y sumisos, aceptando instrucciones casi sin cuestionar nada, porque el tipo de gerencia no da la flexibilidad de dar opiniones.

Lo veo en estudiantes en escuelas de negocios, estudiando finanzas y llevando materias continuamente a reparación, o tomando clases particulares, porque esa área se les hace muy difícil y antinatural.

Lo veo en personas ultra creativas y emprendedoras, pero desempleadas, buscando trabajo frustradas, yendo a ferias de trabajo con un peso en la espalda, como si llevaran kilos de hierro encima.

Lo veo en gerentes o directores de empresas familiares, a quienes les "tocaba" llevar las riendas del negocio, sin derecho a reclamo.

Lo veo en inmigrantes en un nuevo país, aceptando cualquier trabajo a cualquier nivel mínimo de salario, aun después de más de 10 años instalados e integrados.

Lo veo en tantos contextos, a tantas edades, en tantas áreas profesionales y en tantas historias. Lo vi muchas veces y por largo tiempo en mi propia historia y en mi propio comportamiento.

Lo que veo son las mentiras que uno no se cuenta y que uno se dice para justificar comportamientos socialmente aceptados. Lo que veo son las mentiras que anulan los talentos naturales. Lo que veo son las mentiras lógicas que el cuerpo grita y denuncia a través de las emociones y los síntomas, pero que ignoramos, por seguir en la norma social.

Bueno, aquí paro la denuncia y la sensación de indignación. Porque este libro está diseñado para mover la fibra y crear consciencia, pero, sobre todo, para crear posibilidades. Así que te invito a que tú también veas lo que yo veo, a que tú también veas quién miente.

Todos tenemos unas herramientas internas extraordinarias. Herramientas que van más allá de nuestras cualidades y de lo que sabemos hacer bien. Herramientas que, si les damos la importancia que tienen y la información que nos aportan, no solo podríamos vivir con más congruencia, sino que llegaríamos a niveles altísimos de potencial.

Una de las herramientas internas más valiosas que tenemos es la inteligencia emocional. Por muchos años, de hecho, por muchas décadas, el coeficiente intelectual era lo más aclamado y aplaudido en el mundo corporativo. Los primeros que pensaron en algo diferente fueron Salovey y Mayer, quienes propusieron formalmente, por allá en 1990, los primeros pilares de la inteligencia emocional.

Según Salovey y Mayer, "la inteligencia emocional incluye la habilidad para percibir con precisión, valorar y expresar emoción; la habilidad de acceder y/o generar sentimientos, cuando facilitan pensamientos; la habilidad de comprender la emoción y el conocimiento emocional; y la habilidad para regular las emociones para promover crecimiento emocional e intelectual". Básicamente fueron los primeros en enseñarnos que se puede pensar con un corazón.

Pero fue gracias a Daniel Coleman en 1995 cuando realmente se divulgó la importancia del manejo de las emociones, en su libro "La inteligencia emocional, por qué es más importante que el coeficiente intelectual". Coleman agrega los conceptos de la empatía y de la comprensión de las emociones de otros, lo que juega un papel primordial en el mundo laboral.

Pero no es sino hasta ahora cuando el coeficiente emocional, la consciencia y el manejo de las emociones figuran en las listas de competencias más buscadas y apreciadas en managers y colaboradores. Increíble, ¿no? ¡Vamos rapidísimo! (entiende mi ironía, casi 30 años más tarde entendimos que las emociones están ahí para algo).

Estos modelos, por supuesto, han sido revisados, revaluados y hoy sabemos mucho más de lo que se sabía en ese entonces; quizás es por eso por lo que ahora sí le damos importancia. Hay uno de los pilares de la inteligencia emocional que me parece genial, y es el introducido por Cooper y Sawaf en 1997, que se adapta increíblemente bien al ámbito profesional, y se llama la alfabetización emocional. ¡Qué nombre tan bueno!, ¿no? Este concepto de alfabetización emocional incluye: la honradez emocional, la energía, el conocimiento, el feedback, la intuición, la responsabilidad y la conexión. Vamos a pararnos un poco aquí, porque esto es buenísimo.

La alfabetización emocional, aquí es donde fallamos casi todos a la hora de diseñar nuestra vida profesional. Por eso, hay tantos empleados frustrados cuando no son honestos con ellos mismos, y no quieren ver que esos entornos laborales son tóxicos, o no se permiten ver que hay otras opciones.

Por esta falta de atención al feedback emocional es por lo que estudiantes con vocación artística o humana pasan horas estudiando números y negocios, porque "es ahí donde está el dinero y mi papá es banquero". Lo mismo ocurre con personas emprendedoras que podrían lanzar unos productos y servicios extraordinarios al mercado que lo necesita, pero que, por falta de honradez emocional, se mienten y se convencen de que mejor seguir el camino seguro de un empleo.

Y puedo seguir, pero ya ves por dónde voy. La alfabetización emocional, y específicamente la honradez emocional, es un concepto con el que me casaría mil veces, y porque es lo que más claridad da, sobre todo, al principio de una reinvención profesional.

Reflexiona:

Aquí te lanzo la bola:

¿Qué tan honrado/a soy emocionalmente?

¿Cuántas veces me tengo que autoconvencer de que estoy aquí, porque es el mejor sitio, lo más conveniente, lo más seguro?

¿Cuántas veces callo las emociones que van en contra de las acciones lógicas que "deben hacerse"?

Ser honesto emocionalmente requiere que aprendamos a escuchar la verdad interna, a oír los mensajes que nos manda nuestro inconsciente a través de pensamientos, emociones y hasta síntomas. Esa verdad interna, que es socia de la intuición y de la conciencia. Y es la inteligencia emocional, como sea que la definamos, la que entra a jugar con todos sus pilares y nos permite actuar con congruencia.

F. Scott Fitzgerald nos dejó este legado: "la prueba de una inteligencia de primera es la capacidad de tener dos ideas opuestas en la mente al mismo tiempo y, sin embargo, retener la capacidad de funcionar." Es entonces esa capacidad de combinar el coeficiente intelectual y el coeficiente emocional, y no colapsar, sino más bien crear acciones lógicas alineadas con las emociones. Esta es la clave.

Te invito a que empieces por aquí, por la honestidad emocional, por escuchar tus verdades, y que no me las digas a mí, sino que te las digas a ti. Y confía en que, aun en medio de algún conflicto, tu inteligencia te llevará a las acciones correctas con las emociones correctas.

Banderas rojas y más banderas rojas

En algún momento durante mi divorcio, le conté a una amiga todo lo que pasaba. Le conté por qué me estaba separando, las cosas que él tenía, que decía o que hacía, que definitivamente no cuadraban conmigo, lo que yo hacía y cómo era yo, que no correspondía con él. Y cuando le echaba el cuento con tal fluidez y con argumentos claros y lógicos, mi amiga me preguntó: "Todo lo que me estás contando, ¿cómo es posible que no la hayas visto en 6 años de relación? Eran claramente cosas que indicaban que no iba a funcionar a largo plazo"

Y es una pregunta y una observación que me hice muchas veces, luego de separarme. Pero es que, claro, uno no ve lo que uno no ve. Hasta que lo ves. Y ya, cuando lo ves, no puedes dejar de verlo. Y es ahí el momento oportuno cuando hay que tomar acción. El problema surge cuando no tomamos acción de cambio, aun después de ver claramente las banderas rojas.

En el tema de las relaciones personales es muy complejo: cuando estás enamorado, hay miles de químicos que intervienen que impiden ver cosas que van en contra de esa sensación de enamoramiento. Cuando hay problemas familiares, lo que interviene es el vínculo sanguíneo y las lealtades familiares, y que hace que dejemos pasar cosas que no están bien. Con los amigos intervienen las necesidades y programas de pertenencia, así como la nostalgia de momentos vividos, ya que los amigos son la familia que escogemos y eso es un sentimiento muy fuerte, que muchas veces no nos deja ver cuando algo va mal.

Pero, en absolutamente cada uno de estos contextos en el orden de relaciones sociales, aparecen banderas rojas, alertas que nos indican sobre una relación toxica, sobre brechas y diferencias fuertes e incompatibles de personalidad, sobre relaciones que ya no solamente no nos llenan, sino que no nos dejan avanzar.

Lo mismo ocurre en la vida profesional y en el contexto laboral. Una carrera que construimos con amor y pasión durante la universidad, con una idea en la cabeza que no se materializa en el mundo real de trabajo. Un título que tiene mucho peso y aceptación en la sociedad, pero que no representa realmente quiénes somos, ni refleja muchas veces ni de cerca nuestro mejor talento. Un contrato en una empresa reconocida, que vende oportunidades de crecimiento, pero que, en realidad, tiene un entorno que nos encoge y nos hace invisibles. Jefes y estilos de liderazgo, que tradicionalmente han sido aceptados y aplaudidos, pero que, en realidad, no crean los resultados altos de rendimiento ni elevan el potencial del equipo.

Cuando trabajaba en consultoría, tuve un jefe que era, no exigente: él iba un paso más allá. Creo que su intención siempre fue muy positiva: era formarnos, hacernos más exigentes, que veláramos por la calidad, ante todo. Pero su estilo de liderazgo, desde mi punto de vista, era muy torpe. Por ejemplo, nos ponía a prueba a todos los consultores que llegábamos, en lugar de retarnos constructivamente. Nos ponía a repetir tareas por errores tontos, cuando había un montón de prioridades a las cuales responder, que le agregaban más valor al cliente. A mí no me dejaba hablar en francés con el cliente, porque yo tenía un acento, en lugar de, más bien, soltarme para hacerme ganar confianza y crecer.

Ese tipo de cosas eran banderas rojas. Alertas que hablaban de un tipo de liderazgo que no iba conmigo, de un entorno que, en lugar de ayudarme e impulsarme, más bien me anulaba. Pero también fue un gran ejemplo para aprender que la intención, aunque fuera muy positiva, había que acompañarla con las acciones coherentes.

Pero, mira qué curioso, como este trabajo para mí siempre fue un trabajo puente (ya te contaré más sobre esto), yo no estaba atada a él emocionalmente, y esas banderas rojas las vi desde el principio: de hecho, las vi desde el día uno. Y mi reacción inmediata fue empezar a postular en otro lado. No conseguí nada rápidamente, así que entendí que necesitaba ese trabajo específicamente para algo y, a partir de ahí, empecé a trabajar en mí misma, para sacarle todo lo que debía sacarle a nivel profesional, pero, sobre todo, a nivel personal. Esto es tener autoconsciencia.

Y esto es lo complicado de los niveles de consciencia y de qué tan despierto estamos respecto a ciertos aspectos de nuestra vida. Cuando no estás despierto, no hay nada que hacer, te pueden poner las banderas rojas enfrente y aventarte con ellas, y, aun así, no verlas. Cuando estás despierto, no te han puesto la bandera roja enfrente; cuando ya la percibes, la oyes y la sientes mucho antes de verla.

Es por eso por lo que traigo este tema aquí, cuando hablamos de herramientas internas. La intuición, el autoconocimiento y la autoconsciencia son herramientas que cambian el curso de las cosas. Se trata de saber escuchar las voces internas y, de verdad, prestarles atención. Esas verdades de las que hablábamos antes, tu cuerpo y tu mente te las va a enviar siempre.

Siempre.

De esto puedes estar seguro.

Uno siempre sabe. El inconsciente siempre sabe y te envía la información que necesitas donde y cuando te hace falta. Te envía las señales para que tú las catalogues de banderas rojas, si es necesario. Pero eso solo ocurre cuando te conoces bien; por eso, el autoconocimiento entra a jugar una parte importante en tu reinvención profesional y en tu bienestar laboral.

Yo empecé a practicar meditación en 2013, en principio por curiosidad, luego para ayudarme con la ansiedad, y ya después porque las bondades de la meditación fueron simplemente extraordinarias. Meditar, conectarme conmigo, escuchar esas voces internas, prestar atención a esos pensamientos y a esas emociones fue lo que me ayudó a aclararme rápidamente sobre mi reposicionamiento profesional. Y es lo que me ayuda cada día a cuestionar y reorientar mi práctica de coaching y mi negocio.

El haber hecho coaching de carrera y ejercicios de desarrollo personal me ayudó a conocerme mejor y a elevar ese autoconocimiento, o, más que elevarlo, me ayudó a ser más consciente de quién soy y cómo soy. Y esto es algo que no paró: los seres humanos somos muy profundos, tenemos capas, y con cada capa hay más información de nosotros, que puede ser clave de entender para avanzar.

Prácticas como el mindfulness, las terapias, el coaching y la meditación, trabajan a niveles donde se rompen sistemas y paradigmas, y nos permiten conectarnos con lo que realmente tenemos que estar conectados todo el tiempo: con nosotros mismos.

Y luego viene la conexión con los demás. No estamos separados del mundo; al contrario, somos una parte bien integrada con el universo. Vivimos en sociedad, somos parte de sistemas familiares, sociales y laborales. La autoconciencia y la intuición nos ayudan a entender cómo podemos estar más alineados con estos sistemas; pero también nos ayudan a ver cuándo el sistema no nos conviene, y hay que salir de ahí. También nos ayuda a construir nuevos sistemas y hacerlos funcionar con armonía.

Yo sé que esta parte es compleja y es intangible. Y, para muchos, lo intangible es difícil de entender. Pero hay tanto que saber del universo, de los seres humanos, de la forma como interactuamos y como pertenecemos e impactamos ese campo energético en el que estamos todos los días.

Mientras más abiertos seamos y más curiosos seamos sobre el universo en el que vivimos y nos desarrollamos, mejor entenderemos las herramientas que tenemos, que simplemente son infinitas.

El mundo va más allá de la ropa que nos ponemos para ir a trabajar, o del transporte que usamos, o de la presentación Powerpoint que hacemos, o de la reunión que tenemos con el equipo, o del cliente que tenemos enfrente. ¡Uf!, es mucho más profundo y está mucho más interconectado de lo que el ojo humano es capaz de ver. Y, por supuesto, es mucho más profundo de lo que muchas personas pueden percibir con el nivel de consciencia que tienen.

Se dice que el ser humano promedio opera solo a 5% de su capacidad de creación, y que las personas que trabajan su conexión interna con el universo y sus niveles de consciencia pueden alcanzar hasta un 7% o 10%. Aun así, esto no es nada. ¡Imagínate todo lo que hay más allá! Todo lo que todavía no sabemos o no nos hemos atrevido a conocer. Las herramientas internas son infinitas, pero, para que sean poderosas, hay que atreverse a conocerlas, y acercarse.

Recientemente tuve una experiencia a la que luego pude ponerle nombre. Se llama tener un despertar kundalini. Al despertar la energía kundalini, que activa todos los chacras del cuerpo y te conectan con tu ser superior y con el universo, puedes ver, oír y percibir cosas de otra manera, puedes saber cosas que otros no saben, y ves cosas que otros no pueden ver. Yo tuve acceso a información, sabía cosas que iban a pasar y pasaron tal cual, a conocimientos que me ayudaron a cambiar la perspectiva de lo que estaba viviendo, porque me abrieron a otra dimensión, a otro resultado posible y a otra dirección. Esta experiencia a mí me rompió paradigmas que ni sabía que tenía, y, naturalmente, luego de eso he seguido muy curiosa y con ganas de seguir elevando mis niveles de consciencia.

RENUNCIÉ A VIVIR LA VIDA QUE LOS DEMÁS QUERÍAN PARA MÍ, Y GANÉ AL ESCOGER LO QUE SI ME CONVENÍA.

Hay tanto de lo que me gustaría escribir, pero que prefiero no desarrollar aquí, porque siento que todavía no sé suficiente. Mucho sigue siendo un misterio para mí, y tengo mucho que aprender; con el tiempo, seguro entenderé más y podré compartir contigo cómo logré utilizar mis herramientas internas para alcanzar objetivos más altos y que creía fuera de mi alcance.

Mientras tanto, te dejo con esto, trabaja tus niveles de consciencia con las herramientas que puedas, las que conozcas, las que tengas accesible.

Verás que las banderas rojas nunca dejan de llegar, pero las ves más rápido, actúas más rápido y te mueves más rápido. Y, por supuesto, con más congruencia.

Reflexiona:

Acércate a ti mismo, conócete mejor, escucha tus voces internas, tu intuición, y eleva tus niveles de consciencia.

¿Cómo puedo hacer un trabajo de autoconsciencia? Puedo contactar a un coach o a un terapeuta, o empezar con una simple observación de mis pensamientos.

Vanessa: fuego, renacimiento y conexión

Conocí a Vanesa gracias a una querida amiga en común. Cuando hablamos, me dijo que quería coaching, porque tenía más de un año en el paro, como consecuencia de una salida muy violenta de su antiguo trabajo, y que ya era hora de buscar otra cosa. Nos tomamos un café y hablamos un rato.

Una ingeniera brillante de la Universidad Simón Bolívar de Caracas, Venezuela. Se graduó en el top 5 de su clase, siendo siempre un modelo para seguir. Encontró trabajo rápidamente, y destacó con todo lo que tenía, esa combinación perfecta de competencias, personalidad, actitud y ambición. Y cómo no hacerlo, si estaba dotada de herramientas por todos lados. Rápidamente se ubicó en una empresa multinacional, que la trasladó a Francia. Nada más y nada menos que a París, en una de esas torres enormes del centro financiero en la zona de La Defensa. Vanessa estaba donde muchos pagarían por estar.

Su carrera avanza y con ella las responsabilidades, y las exigencias. La ven y la siguen viendo, la asignan a nuevos proyectos, la mandan de aquí para allá, Vanessa responde. Siempre con un "sí", y un "por supuesto" por delante, siempre dispuesta, sin darse cuenta, desgastándose, poniendo a la empresa y a los clientes por delante. Pero no importa: ese es el deber, "eso es lo que hay que hacer". La siguen viendo y la siguen metiendo en nuevos proyectos. Vanessa sigue respondiendo. Ya montada en proyectos de alto calibre, perfectamente trilingüe y experimentada, tiene miles de fotos en pleno centro de operaciones, a mar abierto, donde las petroleras se instalan con todo el peso de la industria. Pero por dentro llevaba la combustión.

Vanessa no solo había salido violentamente de su antiguo puesto, había atravesado un burnout serio. De esos que te dejan desequipado, desarmado, y descolocado. Vanessa vio su carrera de ingeniero químico arder frente a sus ojos y llevársela a ella por delante. El burnout no es un juego, no es una tontería ni es una moda de las nuevas generaciones. Es una consecuencia de millones de banderas rojas, de excesos corporativos, de conflictos internos y fuerzas encontradas por tratar de hacer las cosas "bien".

Yo conozco a Vanessa: es una persona que tiene mucha fuerza. Mucha fuerza mental y emocional. No la considero una persona fácil de quemar ni de destruir. Pero eso pasa más seguido de lo que creemos, le pasa hasta a las personas más fuertes que conocemos. Muchas personas dicen que sufren de agotamiento, y que piden alguna baja de trabajo para pasar el pico de estrés. Eso no es burnout. El burnout es un volcán que puede estar dormido mucho tiempo y pareciera inocuo, hasta que empieza a hacer ruido, a echar humo, a calentar el ambiente, y a hacer erupción. Una vez que la lava llega a la boca del volcán, la destrucción es imparable, y los destrozos humanos, ambientales y de infraestructuras son invalorables. Hay volcanes que han destruido poblaciones enteras, al punto de no volver a levantarse más. Esto, para mí es la mejor forma de escribir un verdadero burnout.

Y esto no lo entendí realmente hasta que escuché la historia de Vanessa. De hecho, en ese momento no empezamos coaching inmediatamente. Vanessa no estaba lista para volver al mercado laboral. Sus síntomas físicos no estaban controlados, su mente tampoco estaba en orden y sus emociones gritaban otra cosa. Recuerdo que le recomendé el libro "The Values Factor" del Doctor Demartini, que siguiera en terapia y que habláramos en algunos meses. Éticamente no era momento de hacer coaching.

Pasó casi un año para que Vanessa me llamara para decirme que estaba lista, no para volver al mercado laboral, sino para trabajar su reconversión profesional. El burnout se presentó en su vida no como un evento de destrucción, sino como un evento de renacimiento. Un evento que marcaría, a partir de ese momento, el inicio de una misión de vida perfectamente alineada con ella y con el verdadero mensaje que tenía que entregar al mundo.

Recuerdo cada una de nuestras sesiones y lo mucho que me impresionaba su fuerza, lo abierta que estaba a conocerse a sí misma y enfrentarse con todo aquello que alguna vez le generó conflicto; recuerdo cómo se sorprendía ella misma con sus propias competencias y capacidades, y también recuerdo el día en que me dijo:" La ingeniería realmente nunca fue mi pasión, la estudié, porque era buena y se me daba bien, pero a mí me hubiese gustado estudiar algo que sirviera más a las personas".

Su verdadera vocación estaba en el servicio a otros, y, luego del burnout, se manifestó como una necesidad de ayudar a otros a prevenir casos como el de ella, a ver lo que ella no vio, a escuchar lo que sus emociones y sus cuerpos gritan. Vanessa no volvió a la ingeniería, y no volverá.

Entre cursos para ser instructora de yoga, un máster en meditación y muchas más herramientas de conexión y de desarrollo personal, Vanessa encontró su práctica. Una práctica que tiene sentido, que tiene propósito y que tiene dirección. Una práctica que es congruente con su personalidad, con sus competencias, con su vocación y con su fuerza. Vanessa transmite esa fuerza a otros. A otros que están listos a escucharse mejor, a aumentar sus niveles de conciencia y a activar sus herramientas internas, para tener una vida más sana, alineada y con propósito.

¿Sabes qué es lo más bonito de mi carrera? Cuando puedo ir a mis antiguos clientes a pedirles servicios. Vanessa estuvo conmigo en momentos muy fuertes y dolorosos de transición personal, sus sesiones de meditación, sus audios y recomendaciones de libros y cursos me ayudaron a salir de donde yo no podía salir con mis propias herramientas. ¡No he podido ir todavía a uno de sus retiros, pero están definitivamente en mi lista de cosas pendientes! Ya imagino lo reconectada y alineada que saldré de ahí.

Vanessa es una excliente a quien puedo llamar hoy amiga. Es una persona que tiene toda mi admiración y mi apoyo, y a quien le estoy siempre agradecida por dejarme contar su historia. Una historia que me inspira cada vez que la cuento, que sé que inspira a muchos y que espero que te inspire a ti. Espero que te lleve a escucharte mejor, a conectarte mejor contigo mismo y a reconstruir sin importar cuál sea tu historia.

Si quieres seguir el trabajo de Vanessa para reencontrarte contigo e inspirarte de su historia de reinvención y recuperación de burnout, síguela aquí @vanessa.facchin.s y puedes contactarla directamente a su email: vanessafacchins@gmail.com.

Capítulo 7: Solo hay uno como tú

Atando el hilo conductor

Cuando empecé a compilar ideas para este libro, por allá en 2019, me parecía importante escribir sobre cosas, como tipos de personalidad, test de personalidad, y más cosas de estas. Menos mal que me ha cambiado la mente y he crecido como coach, porque, de no ser así, este capítulo tendría otro sentido completamente diferente.

En el mundo de la orientación vocacional y del coaching de carrera, se habla mucho de los arquetipos, que es un término acuñado en la psicología para determinar un modelo, o un patrón. También se ha extendido al mundo del marketing para definir tipos de productos, por ejemplo.

El caso es que siempre que se habla de personalidad, volvemos a caer en el tema de los arquetipos. Hay muchas pruebas y cuestionarios de personalidad que pueden ser muy interesantes y hasta divertidos, pero, si te soy honesta, yo ya casi no trabajo con ninguno. Por no decir que ya no trabajo con nada de esto.

Y es que, desde mi punto de vista, los análisis de personalidad son interesantes para darte luces sobre tendencias de comportamiento, de reflexión, de necesidades personales y de conexión con los demás. Pero son eso, tendencias. A mí me gusta hablar de autenticidad y me gusta impulsar la autenticidad, con lo cual, no vendrá de mí decirte que para conocerte mejor e identificar tu valor agregado, deberías hacer una prueba de personalidad.

Con eso claro, ¿qué te propongo? Para identificar qué te hace único, auténtico y tener un valor que solo tú puedes agregar, te propongo que le pongas el foco a tu historia y veas cómo las cosas que has vivido te han aportado exactamente lo que has necesitado para contribuir de una manera única.

Te voy a contar cómo ha sido este ejercicio para mí.

Ya sabes que soy economista, de Venezuela, y que me fui a Francia a hacer un máster en marketing en 2009. Luego hice un MBA en emprendimiento, trabajé como consultora, en marketing, y en análisis de negocios, y no fue sino hasta 2015 cuando me inicié en el mundo del coaching. Hoy tengo mi propia práctica y actualmente estoy creando mi negocio digital para ayudar a más personas a reinventar su vida profesional y tener un trabajo con propósito.

Atar todos estos puntos en algunas líneas parece fácil, pero detrás hay muchas historias y muchas vivencias que me fueron haciendo, sin saberlo, experta en reinvención profesional y agente de cambio.

Te lo cuento, así he venido atando los puntos:
Hoy entiendo que estudié economía y marketing, no para ser economista o marquetera, sino porque necesitaba estos conocimientos para tener visión de negocio y entender a mis clientes.

Entiendo que llegué a un país (Francia) sin hablar la lengua local ni tener pasaporte europeo, porque tenía que vivir la experiencia completa de ser inmigrante, para poder ayudar a mis clientes y alumnos con propiedad, desde las vivencias.

Entiendo que tuve que pasar por un momento (o varios) de estar perdida para explorar técnicas y ejercicios de desarrollo personal y profesional, que más tarde me llevarían a convertirme en coach profesional y facilitadora de cambio.

Entiendo que me casé y me divorcié, no solo porque no funcionó, sino porque yo tenía que "divorciarme" de una idea de vida que no me correspondía, para poder alinearme con una que sí me corresponde y me hace libre. Además de que tenía que aprender a arrancar de cero y reconstruir mi visión, y mi vida, y mostrarme que sí podía hacerlo sola.

Entiendo que haber invertido en una franquicia, donde perdí casi todo mi dinero (te cuento más de esto luego), es una experiencia que necesitaba para pensar más grande, salir de mi zona de confort, cometer errores de negocios necesarios para pasar a otro nivel, y, sobre todo, entender que tenía que invertir en mí, en mi marca personal, en mis conocimientos y mi negocio, antes de invertir en la marca de otro. Eso me impulsó a enfocarme en lo correcto y reorientar mi negocio.

Entiendo que en mi experiencia como coach me ha tocado acompañar a cerca de mil personas, con proyectos tan distintos y algunos tan complicados, desde cambio de trabajo radical hasta emprendimientos desde cero, porque necesitaba expandir mi mente y mostrarme, con resultados, que realmente todo es posible, sin importar las condiciones, ni la historia de cada uno.

Hoy estoy en un nuevo país, con nueva pareja, y sigo reinventando mi negocio y mi práctica de coaching, porque sé que siempre se puede reconstruir, reorientar y, sobre todo, reinventar la vida, desde donde sea hasta donde quieras. Este es mi valor agregado más auténtico.

Cuando me inicié como coach, tenía un nicho claro: Ayudar a estudiantes internacionales y expatriados a encontrar trabajo en Francia. Era un nicho evidente, gracias a mi historia. Pero ese nicho se ha quedado corto. Poco a poco, lo he ido expandiendo, porque mi historia ha cambiado y se ha venido enriqueciendo.

Ahora mi nicho son profesionales con hambre de cambio, ambiciones, y personas que quieran reinventarse profesionalmente, porque saben que hay mucho más en la vida de lo que hacen actualmente. Y tengo las herramientas para hacerlo, porque mi vida me las ha aportado.

¿Lo ves?

Tu historia te muestra tu valor agregado. Esto no lo hace una prueba de personalidad ni un análisis de competencias. Y mucho menos un diploma o una experiencia en una empresa conocida.

TU VALOR AGREGADO MÁS IMPORTANTE Y VALIOSO LO HAS VENIDO CONSTRUYENDO CON TUS VIVENCIAS Y CON TUS INTENCIONES.

Cada vez que tienes un objetivo nuevo, mueves tu sistema con tus intenciones y la vida te trae una experiencia que vas a necesitar para desarrollar competencias, visión y posturas. Si lo atas todo, entiendes lo que puedes aportar, tú y únicamente tú.

Para cerrar este capítulo, y esta parte del libro, te invito a que terminemos como empezamos, contándote tu historia. Pero esta vez no la veas con la lupa para extraer competencias y habilidades; esta vez te invito a que trasciendas y la veas desde arriba.

Reflexiona:

Ve tu historia desde la percepción de un observador (en PNL lo llamaríamos desde la tercera posición, desde un ángulo que te permita disociarte de las emociones que viviste, que te permita desconectarte de la postura de víctima, de lo justo o de lo injusto, o del juicio de valor que diste a esa vivencia.

Cuéntate tu historia y obsérvala desde lo más lógico y pragmático que puedas, que desde esa percepción elevada vas a poder conseguir el porqué de las vivencias y, sobre todo, la experticia que te trajo cada una de ellas, y entonces verás lo que te hace auténtico.

Hack Mental:

Con esta reflexión te darás cuenta de que, en realidad, solo hay uno como tú.

"Solo hay uno como yo, la vida me ha traído exactamente lo que necesito para tener éxito y ser feliz".

Parte 3: ¿Cómo y dónde reinventarse?

"Ante nueva información, el cerebro crea nuevas conexiones y se revitaliza. Por eso es tan importante exponerse al cambio, incluso si salir de tu zona de confort significa sentir un poco de ansiedad." — Héctor García Puigcerver.

"He descubierto que la suerte es bastante predecible. Si quieres más suerte, toma más riesgos, sé más activo, preséntate más a menudo." — Brian Tracy.

Entiendo lo siguiente: reinventarme se trata de hacer las cosas diferente, de salir de mi norma y de lo que me es cómodo, y si quiero que las cosas salgan bien, tengo que empezar por intentarlo.

Sigamos por aquí: ensayo, error, corrección y éxito.

Capítulo 8: ¿Cómo reinventarse?

La pregunta del millón de euros

Si me pagaran un euro por cada persona que me ha dicho "Yo quisiera hacer algo diferente pero no sabría qué hacer", sería millonaria; es más, ¡me tomaría un café con Warren Buffet y todo!

Cuando terminé mi MBA y dejé ir mi meta profesional por la que había trabajado al menos unos 7 años, y estaba ahí en ese mueble viendo el techo, quién sabe a quién estaba pidiéndole respuestas, en ese momento: yo tampoco sabía cómo reinventarme. Es más, nadie me dijo que podía hacerlo.

Cuando hablaba con mis papás, me decían: "Tranquila, que seguro encuentras algo". Cuando hablaba con mis amigos, me decían: "En otro país será más difícil, pero seguro que encuentras trabajo". MI pareja en ese momento me decía: "Bueno, pero aquí en Francia hay muchas empresas; en algún momento te darán trabajo en algún lado".

Pero nadie, nadie, en ningún momento me preguntó: ¿Y de qué otra manera podrías hacer lo que siempre has querido? ¿Y de qué manera podrías capitalizar lo que has venido estudiando y aprendiendo? O, al menos, me habría gustado escuchar algo como: "Tranquila, que tú le das la vuelta a esto, y seguro se te ocurre otra forma de hacer las cosas."

Esa idea parecía no existir; reinventar la carrera parecía no entrar en el vocabulario de nadie. Al menos no en ese entonces; es ahora cuando hay más luz, hay más coaches y mentores hablando de reconversión profesional o de reinventar la carrera, y también hay más información sobre cómo hacerlo.

Sin embargo, en el inconsciente colectivo, es decir, en la mente de los que nos rodean, sigue habiendo mucha resistencia.

Para la mayoría no es sencillo imaginarse siendo y haciendo algo distinto a lo que hacen hoy. Recuerda que estamos configurados para hacer o que hemos estudiado, o lo que nos han dicho siempre. Entonces, solamente pensar en cambiar la forma de trabajar, en hacer algo distinto, en formarse de nuevo, e incluso en cambiar radicalmente la carrera, son pensamientos que vienen necesariamente con resistencia.

La mayoría de las personas a tu alrededor seguramente no es coach ni mentor de reinvención profesional; la mayoría va a darte la única respuesta que saben: "No te gusta lo haces, cambia de trabajo". El que más lejos llega te dice: ¡Haz un MBA!

Como si esas fueran las únicas respuestas posibles y factibles, cuando estamos insatisfechos y con necesidad de cambio laboral.

Por eso, es importante que te crees tus espacios de posibilidades, y que lo hagas aparte de las personas que te rodean. Porque no todo el mundo tiene ni las mismas inquietudes que puedes tener tú, seguro no tienen tus mismas necesidades y más seguro aún no tienen tu mentalidad ni tu apertura.

En los años que llevo haciendo coaching de carrera he visto muchísimos tipos de cambio, desde cambios de trabajo hasta reconversiones radicales. Y todo empieza con una simple apertura hasta una estrategia y plan de acción bien desarrollado. Pero para esto es importante empezar por el principio. Y esta vez no nos vamos a enfocar en tus motores, nos vamos a enfocar el algo más pragmático, nos vamos a hacer un acercamiento en tu posicionamiento actual en el mercado, para que veas las diferentes direcciones y movimientos posibles.

¡Empecemos a movernos entonces! Te recomiendo que saques de nuevo papel y lápiz, que es hora de empezar a anotar coordenadas y direcciones nuevas.

Un pasito a la derecha y a la izquierda, suavecito para arriba, suavecito para abajo, un movimiento sexy… ¡y ahora empieza a bailar!

Toda reinvención profesional implica un baile, un movimiento, ¿pero un movimiento desde dónde y hacia dónde?

Todo movimiento arranca, lógicamente, desde donde estás, y por eso vamos a empezar por identificar lo que se llama el **posicionamiento en el mercado.**

Para esto, se me hace más fácil darte un ejemplo.

Imaginémonos que Jesús es analista de mercados y trabaja en General Electric Health Care. Está buscando cambiar su carrera, pero no está tan seguro de cuál es el mejor paso para dar, ya que siente que el marketing no es realmente lo suyo. Le gusta el ambiente de su lugar de trabajo y la cultura de su empresa. Él también trabajó para la competencia y también se sintió bien en ese lugar de trabajo.

Ahora bien, la situación de Jesús se puede desglosar de la siguiente manera:

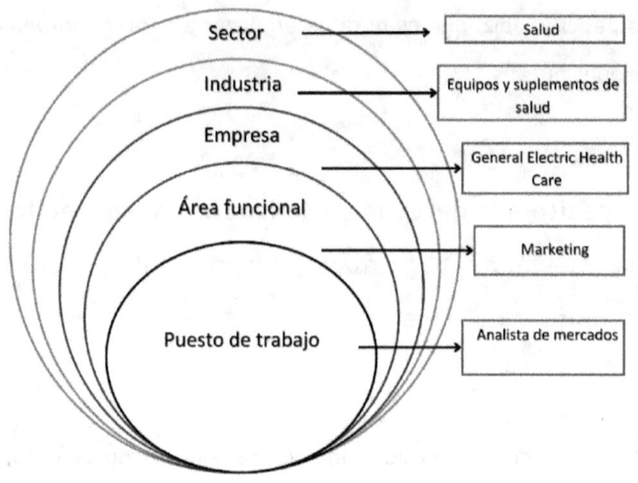

Esquema de Posicionamiento en el Mercado – Ejemplo no exhaustivo

¿Por qué es importante desglosar todos estos detalles?

Para complicarte la lectura, ¡nada más! ¡Ja!

Bueno, ya me vas conociendo y sabes que no me gusta complicar las cosas, pero sí que me gusta ir a lo más detallado, para entender por qué hacemos las cosas como las hacemos; así que, confía en mí.

Este desglose muestra el posicionamiento en el mercado de un puesto de trabajo. Por supuesto, no es el único desglose posible ni son todas las variables a tener en cuenta, pero ayuda a ilustrar mi idea.

La mayoría de las veces que queremos un cambio pensamos en otro trabajo en otra empresa. ¡Pero mira que hay mucho más que eso!

Cambiar de trabajo dentro de la misma empresa nos permite hacer lo que se llaman movimientos verticales: Estás dentro de la misma estructura, misma industria, mismo sector. Pero podrías beneficiarte de las oportunidades de movilidad interna dentro de la empresa para cambiarte de área funcional.

En nuestro ejemplo, Jesús trabaja en el área funcional de Marketing, pero también podría trabajar en finanzas o en operaciones o en recursos humanos. Estos son ejemplos de áreas funcionales de una empresa, ¡en términos muy generales claro! Ya luego vienen las estructuras de las empresas que pueden ser jerárquicas, matriciales u otros, donde los departamentos no tienen un servicio por área funcional tan especifico, sino que se apoyan en equipos multidisciplinarios. Pero aquí buscamos entender y diseñar tu posicionamiento, así que vamos a quedarnos con nuestra estructura original.

Los movimientos verticales, te permiten capitalizar tus conocimientos de la empresa, de la industria, del sector, de los productos, de los clientes, del mercado, de las tendencias, de las tecnologías, y un gran etc. Todo es capitalizable muy fácilmente y, si la empresa es grande, seguro te sobrarán posibilidades para cambiarte de función, o de equipo o incluso de filial, si estamos hablando de un grupo.

Los movimientos verticales son posibilidades de reinventar tu carrera, manteniéndote en un espacio conocido. Seguramente tendrás que formarte en algo para cambiar de área funcional, pero podrás hacer el cambio relativamente fácil.

Por otro lado, los movimientos horizontales ocurren cuando salimos de una empresa hacia otra. ¡Aquí es donde empieza el baile!

Cuando decides hacer un movimiento horizontal, puedes hacerlo en el mismo puesto de trabajo, pero en otra empresa. Puede que esa empresa esté en la misma industria o puede que no; puede que la empresa esté en otra industria, pero en el mismo sector, o puede que no.

La verdad es que algunos sectores son más difíciles de penetrar/cambiar que otros. Lo mismo ocurre con algunas industrias. Algunas personas pasan años trabajando en el mismo sector, como el financiero o el energético, y luego no necesariamente saben cómo cambiar o cómo capitalizar las habilidades desarrolladas en esos muchos años. Algunas industrias son más celosas que otras, como la industria farmacéutica o la de la moda, donde parece que no puedes moverte de ahí nunca.

Por eso, cuanto más desglosamos los detalles, más sabemos qué competencias profesionales, habilidades transferibles y conocimientos específicos del sector o de la industria se pueden capitalizar, incluso podemos pensar en quién tenemos en nuestra red que nos puede ayudar a reposicionarnos a otro sector, industria o área funcional.

Porque creo que este ejercicio puede ser muy rico, pero también complicado, cuando no estás acostumbrado a estos términos; así que sigamos juntos aquí para que te vayas familiarizando con todo.

Si quieres cambiarte de área funcional, como decíamos, por ejemplo, pasar de marketing a finanzas, lo más seguro es que siempre tengas que hacer una formación o alguna actualización importante de tus conocimientos. Cuando cambias de sector a un puesto de estrategia o inteligencia también es probable que necesites capacitarte para hacer tu transición.

Luego nos quedan los movimientos hacia arriba, expansivo y hacia abajo, que son otras formas de reinventarse o que pueden ser etapas de una reconversión.

Hay otra cosa que está muy instalada en el inconsciente colectivo, y que parece que la única forma de crecer es haciendo movimientos hacia arriba, es decir, ser gerente o director de una empresa.

Esta, por supuesto, es una forma de evolucionar e incluso de reinventar la carrera. Los movimientos hacia arriba ocurren cuando nos posicionamos en otro nivel de jerarquía. Para lo cual, podrías pensar en hacer una formación de gerencial, o sí, aquí entra bien un MBA o cualquier otra formación de manejo de equipos, estrategia o inteligencia de negocios.

Si tu ambición es crecer en este sentido, entonces es importante que prepares esta nueva postura, este nuevo rol, que incluyen nuevas competencias y, sí, incluye un proceso de reinvención. Puedes ser gerente o director en la misma empresa, industria o sector. O ya, si te quieres aventurar, también puedes ser gerente de tu propia empresa.

Ves, ¡te dije que aquí íbamos a bailar! Las posibilidades de movimiento son muchas.

Digamos que lo de ser jefe no es lo tuyo. ¡No pasa nada! De verdad, no es un problema, y no es la única forma de crecer. Lo he visto mil veces.

Recuerdo una vez que, cuando trabajaba en consultoría de organización, me tocó trabajar con un equipo de ingleses, que eran los proveedores de la solución que estábamos implementando para el cliente francés. Los ingleses eran 3: el jefe de proyectos (33 años), un desarrollador (26 años) y un desarrollador senior (43).

El desarrollador senior, vamos a llamarlo Brian, era el mayor por diferencia en el equipo, ¡y tenía un perfil y unas competencias con las que podía llegar a donde quisiera! Y recuerdo que en un almuerzo le pregunté por qué seguía siendo desarrollador y todavía no era jefe de proyectos (te prometo que la forma como se lo pregunté no fue tan imprudente; fui más delicada, pero igual la curiosidad era la misma). A lo cual respondió algo como: "¿Y tú crees que yo me veo viajando cada dos días, montado en un tren, llevando 5 o 6 clientes diferentes que no me dejan dormir, reclutando y despidiendo gente y aguantándome los problemas de la gente, porque soy el jefe? Yo estoy muy bien siendo desarrollador; mientras más años de experiencia acumulo, mejor me pagan, y me puedo ocupar de mi hija trabajando desde casa. Eso sí, cada año me formo en las últimas tecnologías y sistemas de información, para asegurarme que mi trabajo no solo sea constante, sino bien pagado".

Recuerdo que me dijo: "yo nunca quise ser jefe, y eso no me ha impedido crecer. Así que no me importa que mi jefe tenga 10 o 20 años menos que yo". Hablando del inconsciente colectivo y de ser cortos de mente, ¡yo me quedé con la boca abierta! Y no pregunté nada más. Pero lo entendí todo. Crecer no se hace únicamente haciendo movimientos hacia arriba.

Entonces, si tú eres como Brian, y no te gusta la idea de ser jefe, te puedo decir que no eres el único o la única. De hecho, con el tiempo trabajando en coaching, me doy cuenta de que muchas personas, que son excelentes en sus trabajos, cuando son gerentes, no se les da bien o no lo disfrutan, o extrañan mucho su antiguo rol.

Esto pasa más de lo que podemos imaginar. Así que para esto están los movimientos expansivos, o laterales. Te puedes reinventar o evolucionar manteniéndote en el mismo nivel de jerarquía, pero aprendiendo cosas nuevas, incorporando tecnologías actuales, investigando otros temas en los que puedas trabajar en tu misma área, etc. Pero más de esto en los próximos capítulos.

Y ya, ahora sí para terminar este baile, nos quedan los movimientos hacia abajo. Casi siempre rechazados por la mayoría, incomprendidos por muchos y mal vistos por todos, excepto por lo que entendemos que reinventarse se vive de muchas maneras.

Los movimientos hacia abajo ocurren cuando bajamos escalones a nivel de jerarquía. Por eso, es por lo que son mal vistos, porque dan la sensación de ir hacia atrás. ¿Por qué razón no iríamos hacia adelante? ¡Por muchas!

Cuando estamos en proceso de reconversión profesional, es decir, cuando cambiamos radicalmente de carrera, es normal comenzar por puestos más junior, a veces hasta una pasantía, para luego ir subiendo de nuevo. También pasa que tenemos que "sacrificar" un poco el nivel de salario al iniciar un nuevo camino; no siempre ocurre, pero sí pasa.

Cuando nos mudamos de país y arrancamos de cero, no siempre se puede empezar desde arriba. Cuando creas tu propia empresa, no siempre haces funciones de CEO, también toca limpiar el piso y sacar basura. Cuando te lanzas como independiente, ya no te llaman jefe, ahora eres un proveedor. Cuando un director se cansa de su puesto y decide dedicarse a dar clases, cuando una gerente pasa por un proceso de burnout y decide volverse instructora de yoga, cuando algún jefe de alto nivel ejecutivo de un startup es despedido y consigue trabajo en una estructura tradicional, donde su puesto ya no se llama "head of… algo".

Todos estos son ejemplos clásicos en los que el ego puede jugarnos una mala pasada. Esto pasa nuevamente, porque en el inconsciente colectivo tenemos anclado que la única manera de crecer es ir hacia arriba y arriba suena a puestos con unos super títulos. Pero ahora ya sabes que no, aquí estamos reinventando y, al reinventar tu carrera, necesariamente vas a crecer en el nuevo camino.

Ahora ya sabes, la reinvención profesional es un baile, con muchos movimientos posibles, para arriba, para abajo, para el lado, ¡y el movimiento sexy se lo das tú!

Reflexiona:

Con esta información, puedes empezar a identificar el movimiento que más te conviene.

¿En dónde ubicar mi puesto actual en el mercado (Puesto, área funcional, industria, sector)?

¿A dónde me gustaría moverme (cambiar de sector, de industria, de área funcional, etc.)?

¡No todos bailamos al mismo son!

Así como unos prefieren el merengue a la bachata, el tango sobre el vals, o la salsa sobre la chacha, no todos los movimientos de reinvención profesional son para todo el mundo. Y esto también es importante saberlo, reconocerlo y aceptarlo con franqueza.

Cuando yo decidí dejar mi contrato fijo a tiempo completo, con buen salario y mi puesto de consultora de organización, a muchos les iba dando un infarto. Sobre todo, porque yo era inmigrante en un país donde no tenía pasaporte (tenía solo residencia temporal y hablaba la lengua local con un acento raro. Tener un contrato fijo era el sueño de muchos. Sin embargo, no era mi sueño, ni se acercaba.

Yo nunca supe a ciencia cierta que iba a terminar haciendo coaching, con mi propia práctica independiente ni que tendría negocios. Pero, si algo sí sabía, era que me quería ir del país, que me gustaba enseñar y que quería ser independiente. El camino en el mundo corporativo clásico no es un baile que me guste.

Puedo pensar en varios amigos y clientes que están subiendo la escalera corporativa y van ahí como pez en el agua. A lo mejor, no emprenderán nunca, ¿y qué importa? Tienen todo el potencial de reinventarse en el mundo corporativo y de escalar como quieran.

Conozco a unos cuantos que salieron de la escuela de negocios directo a las incubadoras a montar su startup y están ahí levantando fondos, creciendo sus equipos, y apareciendo hasta en revistas de grandes emprendedores. No creo que vuelvan a la escalera corporativa en una empresa clásica; no es el entorno donde despiertan su zona genio.

Y también conozco a personas que están felices trabajando desde casa, con muchos proyectos de emprendimiento digital, haciendo crecer equipos remotos y viviendo su independencia al máximo: ahí me incluyo yo también.

Conozco los que se sienten cómodos con un sueldo al fin de mes, conozco a los que fijar tarifas y precios de productos se les hace más cómodo que negociar un sueldo, aunque no reciban la misma cantidad fija segura cada mes.

En un proceso de reinvención es crucial conocerse bien. Esto lo he dicho bastante en los otros capítulos, pero quiero recalcarlo cuantas veces sea necesario. Porque estamos expuestos a entornos y mensajes del colectivo que no siempre nos ayudan, por no decir que más bien nos afectan muy negativamente y nos desvían de nuestras metas auténticas.

A mí me pasó hace poco. Cuando me vine a Madrid, tenía mi practica de coaching profesional a distancia, ya que casi todos mis clientes estaban en Francia o en otro país. Así que decidí emprender de otra manera en España, e invertí en una franquicia para diversificar mis ingresos. Era una escuela de idiomas con un modelo de negocios que parecía ir muy bien con mi perfil. Sin embargo, la inversión salió bastante mal. Tuve la escuela abierta un solo año y fue suficiente para darme cuenta de que las decisiones hechas con la franquicia no fueron buenas, ni tampoco se me hacía cómodo seguir lineamientos de otros. ¡Primer error de alineamiento!

Cerré la escuela física, terminé el contrato con la franquicia y decidí seguir mi rumbo. El mercado de idiomas en España es muy bueno, por lo cual me pareció buena idea seguir ofreciendo cursos de inglés dentro de mi portafolio de servicios. Después de todo había reclutado profesores muy buenos, había constituido una sociedad que ofrecía servicios educativos, y ofrecer clases de Business English va de la mano con el desarrollo profesional que promuevo con mi practica de coaching. Así que, listo, ya tenía otro plan, otro giro, otra reinvención.

A principios de año hago un plan de marketing y publicidad para promover el servicio de clases de inglés, activo el networking y le pongo empeño a esa parte del negocio.

¿Y con qué me conseguí?

¡Me encontré con un mercado no solamente extra competitivo, sino extremadamente digital! Las escuelas de inglés no solo proponen clases a distancia, sino que tienen unas plataformas extraordinarias de soporte, de reportes y métricas, y demás. Y la realidad es que los consumidores de las clases de inglés de negocio no necesitan tanto, porque no tienen tiempo para consumir todo el contenido; sin embargo, aprecian mucho tener ese contenido como parte de la oferta, y esto representaba un fallo grande en lo que yo estaba proponiendo.

Así que me encontré de nuevo en otra encrucijada, en otro momento de tomar decisiones. Mientras más iba a eventos de recursos humanos y hacia networking, más sentía que le había llegado tarde al mercado y al mundo digital. Me propusieron que me uniera a incubadoras para desarrollar herramientas de aprendizaje de inglés con inteligencia artificial y realidad aumentada, que me uniera a otros startups, que participara a concursos de ideas de empresas, y un gran etc. Todo esto me abrumaba más de lo que me emocionada.

Y, si algo he aprendido, es a escuchar mis emociones. Algo no estaba bien. Un proyecto de emprendimiento, aunque dé miedo, es emocionante, es creativo, te impulsa y te hace moverte a la acción. Yo lo sé, lo he vivido varias veces. Pero este proyecto no me movía, me paralizaba.

Yo me preguntaba: "Pero, si esto es un proyecto de emprendimiento, y yo me identifico como emprendedora, ¿por qué esto me abruma tanto? En alguna sesión de meditación y de conexión conmigo misma entendí por qué todo esto me traía de cabeza. Y es que hay diferentes formas de emprender y hacer las cosas, pero, aun dentro del ser emprendedor, no todos los tipos de emprendimiento nos convienen a todos, de seguro no todos me convienen a mí.

La idea de liderar un startup no me movía. La idea de pasar mis días en una función de CEO, en negociación con bancos, levantar fondos, reclutar desarrolladores, supervisar profesores en la creación de contenidos para una plataforma de idiomas, estar a la cabeza de desarrolladores de negocios y gerentes de marketing para empujar nuestros servicios en un mercado ya lo suficientemente competitivo, definitivamente no iba conmigo.

Aquí había dos claves, la estructura de un startup no me mueve, y el servicio que me planteaba desarrollar tampoco. Así que decidí poner esa idea a un lado y dedicarme más bien a desarrollar mi marca personal de Mentora Internacional de Reinvención Profesional.

Así fue como reorienté mis esfuerzos, activé las redes sociales, retomé el proyecto de escribir este libro, comencé a hacer mentorías de negocios y coaching para impulsarme en esta nueva etapa de reinvención de mi carrera.

¿Esto quiere decir que esto no me da miedo, que no resulta difícil o que no abrume de vez en cuando? Definitivamente no; te puedo asegurar que da miedo, que hay acciones que me resultan bastante difíciles, porque me sacan bien lejos de mi zona de confort, y, sí, hay cosas que también me abruman y me frustran, cuando me siento como pollo sin cabeza corriendo. Pero la gran diferencia está en que no me paralizo.

Cada día se me hace más llevadero, cada día me divierto un poco más; cuando hace unos meses me incomodaba hacer videos, ahora no puedo esperar para hacer un en vivo; cuando hace unas semanas sentía que no tenía creatividad para publicar nada, ahora paso horas creando contenido y preguntándome cómo puedo hacerlo más interesante. Cada día hay un avance que parece pequeño, pero sé que en realidad son pasos enormes.

Y esto ocurre porque este sí es mi baile: ser independiente, enseñar, hablar, crear valor, interactuar. Todo es parte de este proyecto. Es mi ritmo, es mi son, con mis pasos y mi estilo.

La moda de los emprendimientos y de los startups crea mucha presión en mucha gente. Sobre todo, cuando pareciera que es tan fácil hacerlo. Lo mismo ocurre con los info productos, o volverse YouTuber o Influencer, o volverse inversor inmobiliario. Hay tanto de todo en las redes sociales y en internet que pareciera que todo el mundo está nadando en éxito, forrado en dinero y regocijándose de la fama y que, además, es facilísimo hacerlo.

Lo que nos hace pensar, ¿y por qué entonces yo no estoy ahí? ¿Por qué estoy atrapado en este trabajo que no me gusta o no termina de surgir mi emprendimiento? "Porque ya está todo creado", "porque yo solo sé trabajar", "porque no sabría qué emprender", "porque hay demasiada competencia". O también he escuchado decir cosas como: "yo no tengo más dinero, porque tengo escrúpulos y no me ando vendiendo en internet". Así que, sí, el entorno nos abruma y nos hace paralizarnos o buscar excusas para no ser más creativos y reinventarnos con verdadera autenticidad.

Así que te invito a tirar todas esas excusas y que te preguntes: ¿Qué tipo de reinvención podría convenirte a ti?

A lo mejor te gusta la estabilidad, tu entorno de trabajo, tu sector y tu forma de trabajar. Con lo cual te conviene una evolución profesional, con movimientos verticales dentro de tu empresa o grupo. Con la posibilidad de subir un nivel en la jerarquía o, a lo mejor, de hacer movimientos expansivos, si lo de ser jefe no es lo tuyo.

Puede que lo que te va mejor sea una reconversión profesional, es decir, cambiar radicalmente tu carrera. Porque ya no te gusta lo que haces, el sector, la industria ni el entorno donde estás. No te da miedo asumir riesgos y, al contrario, te encanta aprender y eres un gran apasionado de otra cosa. Entonces, ¿aprender una competencia nueva desde cero y lanzarte en una profesión nueva con la que se sientas más alineado será el camino?

A lo mejor lo tuyo es la libertad. Y para eso mejor responde una reinvención hacia el emprendimiento. Emprender off line o digital, ser independiente y proponer tus propios servicios. Recuerda que hay muchas formas de emprender; a lo mejor, te convienen todas, o varias, o solo alguna. Pero, si asumes riesgos fácilmente, no crees en la estabilidad que da un contrato laboral, te motiva crear tus propias oportunidades, tienes ideas que quieres movilizar y capitalizar, no te gusta la jerarquía en una empresa y aprecias tu propia gestión de tiempo, es muy probable que seas un emprendedor a punto de surgir con fuerza.

Puede que simplemente estés buscando otras vías de capitalizar lo que sabes y haces, y lo que busques es reinventar tus fuentes de ingresos. Entonces diversificar ingresos puede ser tu objetivo. Aquí puedes crearte un portafolio de carreras, monetizar tus competencias en Youtube, podcasts o blogs. También tienes el multinivel: no es mi opción preferida, pero a muchos les gusta y encuentran en esto una gran oportunidad de diversificar ingresos y capitalizar sus competencias.

O también pensar en invertir el dinero que haces con tu trabajo o actividad, lo cual es una forma de reinventarte. Invertir es todo un mundo aparte; aquí entra la posibilidad de abrir una franquicia, meter tu dinero en bolsa o en inmobiliaria, ser un "business angel" e invertir en el negocio de otra persona, poner tu dinero en un crowdfunding o en alguna plataforma peer-to-peer lending. Así que, opciones hay muchas. Y seguro hay muchas que no mencioné.

Así que vamos, a pensar, pensar y pensar. Despierta ese lado creativo y vuélvete una maquina creadora de ideas. En mi página web tengo un ejercicio, que te ayuda con esto, la idea es justamente moverte las neuronas para que busques formas de capitalizar tus competencias. Lo puedes descargar aquí: https://jessicarojasliscano.com/index.php/capitaliza-tus-competencias/

Y recuerda, opciones hay muchas, pero hay que buscar y escoger aquella que te sirva, que esté alineada con tu ritmo, tu estilo y tu personalidad.

Entonces, ¿a qué son bailas tu?

Hack Mental:

Opciones sobran, pero no hay que seguir al rebaño. Tener una mente abierta y flexible te ayudará a ver lo que no has visto:

"Mi mente es flexible, veo e identifico opciones. Actúo con discernimiento para escoger lo que me conviene a mí".

Capítulo 9: Entiende tu mercado

¿Dónde está el dinero?

Este es el paso al que me gusta referirme como monetización. ¡Y definitivamente es el paso donde mis clientes y alumnos se divierten más! Pero, claro, cómo no divertirse y disfrutar de la idea de poder capitalizar tus propias habilidades, rasgos, talentos e incluso lo que más te gusta hacer.

Aquí pasan dos cosas, o se vuelven locos y activan el lado soñador, o se abruman con tantas formas de hacer dinero.

¡Pero espérate!

No hay que volverse locos, porque ideas de monetizar hay muchas y las vamos a ver en detalle en el próximo capítulo. Pero, para no abrumarse, lo primero es saber cuál es tu campo de juego e identificar las mejores oportunidades para que puedas atacar con una estrategia que sí funcionará con creces.

Como ya lo hemos visto en los capítulos anteriores, no todos los países son iguales, tampoco lo son las ciudades, y menos aún los micro mercados. Por eso, es necesario entender el mercado en el que te posicionarás, para tener un ingreso muy bueno y estable, que potencialmente aumentará, a medida que desarrolles tu experiencia.

Imagínate esto: una persona hace bisutería de alto nivel, con piezas de materiales costosos y de calidad exclusiva. Y trata de venderlas a las madres en la salida del colegio de su hijo. Pero su hijo estudia en un colegio público de recursos medios. Aun cuando la intención es correcta (hago bisutería, las otras madres seguro que serán clientes excelentes), el mercado objetivo no siempre lo es. A lo mejor, sería bueno proponer alguna exposición y promoverla en colegios privados.

Aquí tienes otro ejemplo: un profesional en marketing se forma para ser mánager de equipos. Un paso lógico en una evolución profesional. Pero su empresa actual es solo una agencia pequeña, en la que implementan acciones de marketing, y no hay posibilidad de hacer crecer los equipos. Ese entorno no le ofrece mucho; lo mejor será entonces buscar otra empresa, otro grupo corporativo, otro entorno.

O piensa en esto: un desarrollador tiene una gran idea para una aplicación que permite encontrar trabajadores a destajo en la zona, de manera de facilitar el proceso de encontrar una persona que haga fontanería, mantenimiento, pintura o montar muebles y estantes. Pero este desarrollador trabaja a distancia para una gran empresa, y se instaló en un pueblito tranquilo en Portugal, donde todo funciona por boca a boca y se contrata al primo del amigo, que ya ha hecho trabajos de mantenimiento antes. O algo así. A nadie le interesa una aplicación como esta. A lo mejor, en Lisboa o en Oporto podría funcionar bien.

O te comparto lo que me pasó a mí. Ya te conté que monté una franquicia en Madrid, una escuela de idiomas. La enseñanza de idiomas, sobre todo, el inglés, es un mercado enorme en España y puede ser muy rentable. La idea era muy buena, el modelo de negocio de la franquicia me cuadraba muy bien; era una escuela física que ofrecía clases de inglés en presencial desde los 3 años hasta adultos, todos los niveles. Y aparte ofrecíamos clases uno a uno de otros idiomas en presencial o a distancia, para particulares o empresas y colegios. ¡Había de todo! Un modelo que tenía solo oportunidades de crecer.

Pero ¡ojo!, que no todo es color de rosa. ¡En realidad fue un negocio muy malo! Y te digo por qué.

La escuela, por recomendación de la franquicia y verificación según sus propias operaciones internas, la ubicamos en una zona de Madrid que parecía tener todos los requisitos. Sin embargo, era una zona de muy bajos recursos, los colegios alrededor eran públicos, subvencionados por el Estado, y, aunque era una zona mayoritariamente residencial, las personas que vivían ahí no tenían como prioridad profesional ni financiera invertir en idiomas.

Para que la escuela fuera rentable y justificar un emplazamiento físico, hacían falta por lo menos 150 alumnos que vinieran a clases presenciales y que llenaran el local. No parece mucho, pero, si la zona es mala, esto no pasa y, en el caso de mi escuela, nunca se inscribieron más de 50 alumnos. La mayoría de las ventas era de programas uno a uno a distancia y en empresas. Los costos operativos eran demasiado altos como para tener esa escuela física abierta.

En teoría, el modelo de negocio era muy bueno, con posibilidades de crecer mucho. Pero, en la práctica, si la zona está mal escogida, lo que tienes es una máquina de costos, en lugar de una máquina de hacer dinero. ¡Porque el dinero no estaba ahí! El dinero estaba en otro lado.

Esta experiencia de la franquicia a mí me enseñó mucho, y compartiré más, si no en este libro, en mis redes sociales, porque las franquicias pueden ser un buen negocio, pero hay que saber manejarlas, negociar y saber que no todos los mercados o ubicaciones van a responder positivamente a ese servicio, por muy bien diseñado que esté. ¡Así que ojo pelado con las franquicias! Por eso, este paso es crucial.

Esto, por supuesto, será muy diferente para quienes buscan crear su propia empresa y quienes buscan ser contratados en un puesto de trabajo diferente. De cualquier manera, deberías poder encontrar un oficio en el que puedas explotar tus mejores habilidades, en un mercado que necesita exactamente esas habilidades y está dispuesto a pagar por ellas en cualquier forma que ofrezcas (producto, servicio, etc.).

Por experiencia propia y de mis clientes, tengo la fortaleza y la convicción de decirte esto:

No tomarse el tiempo para analizar el mercado puede provocar el fracaso total de un proyecto profesional.

¡Así es, es así de fuerte!

Pero también te digo que, al contrario, cuando entiendes el mercado y encuentras formas de monetizar tus habilidades, podrás:

- Desarrollar una estrategia de posicionamiento que esté alineada con tus motores, habilidades y las necesidades del mercado.

- Asegurarte de utilizar tus mejores habilidades en el mercado adecuado.

- Agregar valor a tu comunidad y servir a quienes más te necesitan.

- Obtener ingresos decentes, y tal vez extraordinarios, haciendo lo que mejor sabes hacer.

- Estimar el presupuesto que necesitas para establecer un proyecto profesional viable y estable.

Nuevamente, y me gusta mucho insistir en esto para que quede claro, cada país, ciudad, comunidad e incluso cada micro sociedad es diferente. Pero las oportunidades vienen junto con esas diferencias. Entender el mercado en el que te desenvuelves es fundamental para definir tu carrera, tanto a corto como a largo plazo.

Si quieres crear tu propia empresa, es crucial identificar las necesidades presentes en tu mercado: ¿Qué no se ha hecho? ¿Qué creará un valor inconmensurable para los clientes finales? ¿O cómo desarrollar algo diferente y mejor de lo que ya existe?

Si estás buscando empleo, entonces debes centrarte en los nuevos puestos que van surgiendo, las nuevas tendencias del mercado y las habilidades que se requieren en las empresas, para poder ofrecerles tu valor añadido.

Si sabes quiénes son los jugadores del mercado, y cuáles son las necesidades, ¡vas a saber muy bien dónde está el dinero! Lo demás es actuar, evaluar y corregir.

Reflexiona:

Toma el tiempo de analizar tu mercado:

¿Quiénes son los jugadores principales en mi mercado (empresas, grupos, productos, marcas)?

¿Qué barreras a la entrada del mercado puedo tener?

¿Qué ventajes puedo tener para entrar en ese mercado?

Pregúntale al que sabe

Cuando comencé mi carrera de coaching, no tenía idea de cómo empezar, no sabía cómo encontrar clientes, ni cómo posicionarme. Francia todavía era un país nuevo para mí. Y el mercado era muy desconocido en muchos aspectos. Además, yo hice mis estudios de coaching a distancia con la Escuela Superior de PNL de México, con lo cual no había desarrollado para nada mi red de coaching en Francia ni en ninguna parte.

Una de las cosas a las que siempre me impulsaron en mis clases de coaching fue a probar las técnicas conmigo misma, pero también en otros, a través de prácticas. Así que creé un grupo Meetup, que se llamaba "Desarrollo Personal, Carrera y adaptación cultural en París".

Este fue mi primer intento en acercarme al mercado. Recuerdo que hacía las reuniones en inglés, porque siempre quise posicionarme para un público internacional, y, sí, aquí entre nos, no me sentía muy cómoda animando reuniones ni talleres en francés.

Esas reuniones de Meetup me permitieron salir al mercado, probar mis aprendizajes directamente con la gente que estaba abierta a escuchar, a aprender, a salir de su zona de confort. Conocí a personas increíbles, los primeros clientes particulares llegaron a mí, gracias a esas reuniones. Haber tenido ese impulso y la iniciativa de tomar acción me ayudó a posicionarme como coach poco a poco, con cada reunión, con cada taller, con cada práctica.

Pero todavía faltaba algo.

Me gustaban muchas cosas. Lo que siempre me apasionó fue el desarrollo personal, pero había todo un mundo que explorar, y, sin realmente saberlo, tenía muchas cosas que ofrecer en ese mercado. El problema es que no tenía ni idea de qué venía después de esas prácticas, qué pasaba después de ganar confianza en mis conocimientos de coaching, ni cómo realmente se vivía del coaching.

Así que activé otro plan de acción. Hice algo que me habían recomendado varias veces, pero que no me había atrevido a hacer. Hice algo que funcionó tan bien y que cambió radicalmente mi juego en el mercado de coaching y que cambiará el tuyo, cuando empieces a hacerlo.

Hice algo simple. Si yo no sabía, le pregunté al que sí sabía: Hice networking.

Empecé por LinkedIn: lo primero que hice fue identificar a personas que hacían coaching en París. Como en ese momento solo sabía lo que era coaching, no se me ocurrió buscar otros perfiles con otros títulos. Más tarde encontré palabras claves, como coach de carrera, coach profesional, coaching laboral, coaching ejecutivo, coaching empresarial, y un gran etc.

El hecho es que seleccioné a unas 20 personas y les escribí. Recuerdo mi mensaje, sin saber nada de lo que sé hoy, redacté un texto bastante profesional, donde decía claramente que era una joven coach buscando entender el mercado, que de ninguna manera sería competencia, sino que, más bien, buscaba un mentor de quien aprender. Y así, en tiempos pre-Covid, los invitaba a un café para conversar sobre el coaching.

Envié 20 mensajes y 17 personas nunca contestaron. Porque así es el Networking. Unos contestan, otros no, unos tienen tiempo de responder, pero no para un café, unos te ven para un café, pero no tienen nada que ofrecerte; otros sí o, al menos, te ponen en contacto con quien sí tiene algo que proponer.

3 personas sí respondieron. Y sí me dijeron que sí tenían tiempo y querían tomarse un café conmigo.

¡No podía con la emoción!

No me lo creía. Pensaba: "¡De verdad esto funciona!" Cuando el corazón dejó de palpitar a 1000, y volví a mi cuerpo con calma y cordura, concreté las 3 citas para el café que me puse con mi estrategia.

Preguntarle al que sabe. ¡Ajá! ¿Y qué le voy a preguntar? ¿Cómo hago para que la conversación sea interesante? ¿Cómo le digo que yo quiero arrancar y voy con todo el ánimo del mundo?

Aquí es donde activé mi lado estratégico, y me dije que, si iba a ir a tomarme un café con tres coaches experimentadas, iba a hacer el máximo de esas citas y no sería solo bla, bla. Primero preparé las preguntas de lo que quería saber del mercado: ¿dónde están los clientes?, ¿cómo se crea una cartera de clientes?, diferencias entre el mercado particular y el empresarial, tarifas, estilo de vida, herramientas, ¿qué funciona y qué no?, ¿cómo es el mercado y qué perspectivas tiene de crecimiento?, y otras cositas más que seguro hoy estoy olvidando.

Luego preparé las preguntas personales, aquellas que haría que la conversación fuera más amena, más personal y que animarían al otro. Se me ocurrieron cosas como: ¿Qué es lo que más te gusta del coaching?, ¿Qué ha sido lo más difícil para ti?, ¿De qué cliente o proyecto te sientes más orgulloso?, si tuvieras que volver a empezar, ¿qué harías diferente o qué repetirías? Y cosas de ese estilo, que, por cierto, funcionaron muy bien en la conversación y puso a esas personas en un estado mental y emocional muy constructivo a lo largo de la reunión.

Y luego, y, por supuesto, no menos importante, preparé mi presentación. Lo que también se llama (ahora lo sé, en ese momento no lo sabía, porque nadie me había explicado lo que era el networking) el pitch. Me presenté con mi historia de reinvención, mis competencias de consultoría y de coaching, y, sobre todo, con mis motores, con lo que me movía y sabía que me llevaría a construir una carrera en el mundo del coaching. Un pitch cortico, pero contundente. ¡Fue más que suficiente!

Las primeras dos personas fueron increíblemente abiertas. Me explicaron todo, sus historias, cómo lograron crear sus carteras de clientes, los diferentes mercados, hasta compartieron conmigo cuánto cobraban. Fue increíblemente útil. Aprendí demasiado del mercado y recuerdo que llegué a mi casa con la cabeza llena de ideas. Y con más ganas de salir al mundo a hacer coaching. Pero, claro, todavía no tenía mucho más por donde arrancar. Me dieron información valiosísima, pero no me ofrecieron ningún trabajo ni ninguna colaboración. Claro, tampoco lo pedí; esa nunca fue la intención. La intención siempre fue preguntarle al que sabe.

Para mi sorpresa, y estaré eternamente agradecida a Christine Baudot (este sí que es un nombre real), quien fue la tercera coach que accedió a tomar un café conmigo y me dio 30 minutos de su valioso tiempo para explicarme sobre el coaching.

Pero tienes que saber esto, Christine no era una coach cualquiera, era una supercoach, mánager del programa de coaching en una de las escuelas más prestigiosas de París, y tenía por lo menos 20 años en el mundo del coaching. Había trabajado mucho tiempo en Canadá y tenía unos clientes que me hacían sentir como una hormiguita en esa silla. ¡Tremenda coach tenía sentada enfrente! Nuevamente, no me lo creía. Aun así, apliqué la misma de técnica, mis preguntas del mercado, preguntas personales y mi presentación.

Christine pensó que mi perfil era interesante, y recuerdo que me dijo que ella normalmente no respondía a este tipo de mensajes por

LinkedIn, pero que algo le dijo que lo hiciera. Al final de nuestro café, Christine me dijo algo que está grabado en mi mente para siempre; me dijo: "¿Te gustaría empezar tu carrera de coaching en una escuela de comercio?" Abrí los ojos más grandes que lo hace un lémur, y no sé exactamente cómo pasó, pero en cuestión de segundos le dije naturalmente, sin que se notara mi asombro: "¡Claro que sí! ¡Cuéntame más!".

Para contarte la historia completa y quede récord de cómo ocurren las sincronicidades y de que el networking es una de las herramientas más valiosas y eficientes en un proceso de reinvención profesional, te comento lo siguiente: Christine y su socio acababan de firmar un contrato gordo con un banco africano y se preparaban para irse a 12 países en África durante los próximos dos años a hacer coaching de equipos y rendimiento.

Una de las escuelas de comercio de París era su cliente y ella no quería perderlo por estar en el otro proyecto fuera del país. Pero tampoco iba a perderse esa oportunidad, por mantener a su cliente francés. Ahí entré yo, una coach jovencita trilingüe, con ganas de comerse al mundo. Además, tenía el perfil perfecto para acompañar a estudiantes internacionales a integrarse en Francia. Era la oportunidad de colaboración ideal para ambas, una relación "ganar, ganar".

Christine no solo me dio la oportunidad de comenzar en el mundo del coaching en la escuela de comercio, sino que también me recomendó a una empresa americana que trabajaba con expatriados. Me dio mis primeros clientes corporativos, me enseñó cosas claves del coaching empresarial y hasta me enseñó a facturar.

Así despegó mi carrera como coach, con este cafecito de 30 minutos, con las preguntas adecuadas, con la preparación adecuada, pero, sobre todo, con la intención adecuada, la de preguntarle al que sabe.

De verdad, pruébalo, ¡haz networking desde hoy! Construye tu red.

Las mejores oportunidades del mercado no se encuentran en el sitio web de una bolsa de trabajo y tampoco te las van a sugerir, cuando postulas en línea. Crear redes cambia las reglas del juego, porque te da acceso al mercado, a ese mercado que necesitas conocer, medir y sentir para poder posicionarte y monetizar luego.

Ya te conté mi historia más relevante de networking, pero no es la única que tengo. Porque el networking se hace de muchas maneras. Puedes asistir física o virtualmente a eventos y conferencias de la industria, o conectarte con profesionales en LinkedIn, ir a formaciones y conocer gente en tu área, etc., conectar con profesionales locales, asistir a ferias de empleo, asistir a eventos de networking organizados por empresas y asociaciones y un gran etc.

Y, ya que estás en ello, conéctate conmigo en LinkedIn; me encantará saber de ti, y ponerte en contacto con otros que puedan ayudarte en tu camino profesional.

Esta estrategia no funciona solo para emprendedores o freelancers buscando clientes. Funciona para todos los proyectos profesionales, incluyendo la búsqueda de empleo.

Hace unos 3 años tuve un alumno en uno de mis talleres de talentos. Era de la India, no hablaba francés y no tenía pasaporte europeo. Pero tenía una fuerte determinación de quedarse en Francia y comenzar allí una carrera de consultoría.

Se tomó mi clase muy en serio: le pareció que, dadas las condiciones que tenía, la mejor estrategia de búsqueda de empleo era hacer networking. Así que preparó un excelente pitch y comenzó a identificar actores clave en la industria de la consultoría en París. Logró tener al menos una reunión de networking por semana, si no a veces hasta dos cafés o almuerzos de networking.

Algunas personas solo compartían información sobre la empresa, otras estaban muy interesadas en su perfil, otras simplemente encontraban agradable tomar un café con un extraño.

Pero así es como funcionan las redes. Conoces a alguien que te brinda información interesante o que puede llevarte a otra persona, y finalmente estás en el lugar correcto, en el momento correcto y con la persona adecuada.

El caso es que, al final del semestre, tenía 3 ofertas de trabajo, todas en consultoría, trabajos en inglés, donde las empresas estaban felices de patrocinar su visa de trabajo.

Me arrancó una sonrisa ver su email de agradecimiento por esa clase de coaching y porque fue, gracias a las prácticas de networking, como pudo encontrar trabajo y lograr el sueño de vivir y trabajar en Francia.

Yo recuerdo cuando estudiaba economía en la Universidad Católica Andrés Bello en Caracas, cuando las materias se ponían muy difíciles y preparar los exámenes parecía imposible, tenía un amigo que me decía:

"Lo importante no es saber, sino tener el teléfono del que sabe", y ahí llamábamos a Igor Hernández, el genio de la promoción.

Entender el mercado es igual, si no sabes, pregúntale al que sabe. En todas partes hay un Igor.

Reflexiona:

Nunca es temprano ni tarde para hacer networking. Entonces:

¿Por dónde puedo empezar?

¿Quién puede ayudarme en el desarrollo de mi proyecto profesional?

Identifica a unas 5 personas y contáctalas para que inicies el movimiento y la magia del networking.

Siempre, siempre agrega valor

El secreto de monetizar vas más allá de escoger la actividad correcta, o de tener el modelo de negocio perfecto, o de conectar con muchas personas claves del mercado o de formarte en miles de cosas interesantes. Lo que de verdad hará la diferencia es que agregues valor.

Las personas que aplican el "Go the extra mile" (hacer el esfuerzo extra), que hacen eso que nadie se espera, las que son más proactivas y que se anticipan en el mercado son aquellas que más tienen valor en su entorno. Y, por ello, por lo general, también son lo mejor pagados.

Una de mis clientes, llamémosla Aurie, estaba de vuelta de su permiso por maternidad. Había sido un periodo largo, porque tuvo un embarazo delicado, con lo cual estuvo de reposo, luego dio a luz y también se tomó las vacaciones pendientes, para poder recuperarse completamente y cuidar a su bebé. El tiempo pasó muy rápido, pero no dejó de ser un año entero. Y, trabajando en un startup, en un año pasan muchas cosas.

Cuando Aurie regresó a su puesto, la empresa había hecho muchos cambios. Ya sus funciones no eran las mismas y había tres personas nuevas en el departamento, que estaban al día con las responsabilidades y que eran capaces de hacerle frente al volumen de trabajo sin ella. Lo habían hecho durante al menos 8 meses, nada les impedía seguirlo haciendo.

Aurie se dio cuenta rápidamente que tenía que hacer algo para no solo permanecer en el puesto, sino destacar en medio de esos cambios. Ella estaba en el departamento de servicio al cliente de una aplicación de banca y tarjetas para estudiantes. La aplicación crecía y requería cada vez más personas capacitadas para responder a las demandas. Pero no había realmente procesos formales para garantizar un buen estándar de servicio al cliente, que representara la calidad y la huella que quería dejar la empresa.

Este fue el espacio de oportunidad que vio mi cliente. Aurie no perdió tiempo y se puso a analizar los procesos, tiempos, problemas comunes, respuestas y soluciones comunes, revisó las practicas actuales de la empresa e investigó las mejores prácticas en empresas similares, y documentó todo lo que encontró. Seguidamente convoco al CEO de la empresa y a su jefe directo para comentarles sobre el problema que había identificado, las implicaciones y los costos que podrían representar a la empresa. La reunión se dio rápidamente, porque, en efecto, el mismo jefe se estaba viendo ahogado y el CEO ya notaba un crecimiento exponencial que traería consecuencias financieras, si no se ataba rápido.

Aurie salió con bombos y platillos de esa reunión. No solo, porque levantó con datas y hechos un problema que tendría repercusiones importantes, sino porque propuso una solución inmediata, basada en las mejores prácticas del mercado.

A Aurie no solo le aprobaron el proyecto, sino que crearon un nuevo puesto, pasó a ser Coordinadora de Formación de agentes de servicio al cliente, tenía a su cargo un par de chicas que se ocupaban de la pedagogía y formación de los nuevos agentes, más los nuevos agentes de servicio al cliente. Pasó entonces a estar a la cabeza de un nuevo departamento. Unos meses más tarde formaba parte del comité de dirección.

Es cierto que los startups van a la velocidad de un cohete. Y que estas cosas no pasan en todas las empresas ni en todos los entornos. Pero no puedes negar que esto es un ejemplo de hacer ese esfuerzo extra, de proactividad, de crear valor. Sin duda, ¡Aurie fue la milla extra, y le pagaron por eso!

A donde vayas siempre agrega valor: esta es la última clave de entender el mercado.

Hack Mental:

Es así como haces la diferencia…

"Siempre hago el esfuerzo extra (go the extra mile), siempre doy demás y siempre me recompensan por eso".

Capítulo 10: Qué y cómo monetizar

La mezcla que hace todo posible

Cuando estás en el colegio nunca imaginas cómo serán tus amigos de adultos. Ni tampoco sabes cómo serás tú de adulto. Uno tiene sueños y puedes medio proyectarte, pero, en realidad, no tenemos ni idea y a veces, años después, ni reconocemos a los que hicieron con nosotros algún experimento de química o alguna presentación de literatura en el colegio.

Daniel era uno de mis amigos más cercanos en la época de bachillerato. Era muy sencillo, graciosísimo, medio mal alumno, con un corazón gigante: estuvo ahí para mí en momentos en los que recibir acoso escolar era mi experiencia diaria. Yo sabía que él tenía unas condiciones económicas difíciles. Sin embargo, nunca supe realmente lo difíciles que eran hasta que me contó su historia casi 15 años después.

La abuela de Daniel, quien siempre fue excelente cocinera, hacía cachapas a mano, desde cero. Las cachapas, para los que no son venezolanos o no conocen este plato, son como unas tortas de maíz que se hacen con una mezcla preparada a base de mazorca pelada; esta mezcla se pone en una plancha o sartén y se cuece rápidamente. Se comen con queso o con carne mechada u otros ingredientes. Pero te digo algo, mejor anda a probar una, porque mi descripción de una cachapa es bastante aburrida y terrible, comparado con lo buenas que son. No todo el mundo hace cachapas, porque el secreto está en la mezcla, que no es fácil de hacer ni queda bien siempre. Pero, si se hace bien, ¡te comes un pedacito del cielo!

Daniel ayudaba a su abuela en la cocina desde pequeño, si no todos los días, con seguridad todas las vacaciones o cualquier día libre que pudiera. Su abuela le enseñó todo lo que sabía de cocina, y, sobre todo, el arte y los secretos de hacer una buena mezcla de cachapas. Lo que él no sabía es que esos momentos donde estaba pelando maíz, haciendo mezclas y vendiendo cachapas fueron las habilidades que le cambiarían la vida unos años más tarde.

Daniel y yo seguimos en contacto, pero, al yo irme a Francia y luego él irse a Chile, perdimos un poco el hilo y realmente no supe lo que había sido de él. Hasta que, cuando me vine a Madrid, un día me escribe para decirme que estaría de visita y que quería darme alguno de sus productos para probarlos.

Así que, 15 años más tarde, me encuentro con un Daniel adulto, un hombre de negocios, irreconocible, salvo por el mismo humor, que no había cambiado nada. Me contó su historia, sin filtros, desde cuando pelaba maíz a mano hasta el éxito de sus restaurantes en Venezuela y Chile. Sí, no solo tenía productos, ¡sino que tenía restaurantes!

¡Eso se fue a otro nivel! Daniel pasó por todas las etapas que puede pasar un gran empresario, desde trabajar llevando y trayendo cajas, pasando por momentos donde le robaran sus locales, viviendo una pandemia en la que su sustento eran restaurantes y ahora había que arreglárselas con entregas a domicilio, luego de despedir a un gentío, hasta llegar a crear una marca reconocida en Latinoamérica y expandiéndose a Europa.

Se resume rápido, pero son las vivencias las que forman a una persona exitosa. Daniel y su socio Ramón, que también estudio conmigo en el colegio, crearon Cachilista, una mezcla de cachapas espectacular, con todo el sabor y el amor de una abuela, con toda la pasión y la creatividad de dos emprendedores. Un producto que llega a Madrid, desde donde abren las puertas a toda Europa.

Pelar maíz, cocinar, levantar un restaurante, reclutar gente, manejar un negocio en tiempos de crisis en un país emergente, siendo inmigrante. ¿Tú crees que esto se aprende en una maestría? ¿O que tu papá o tu mejor profesor te van a aconsejar que te vayas por este camino? Te puedo asegurar que no. Porque crecimos en una sociedad en la que las opciones eran limitadas y el que no estudiaba alguna carrera "seria" no tendría futuro.

Bajo esa premisa la historia de Daniel no existiría.

Y es por este tipo de historias por las que escribo este libro, porque hay que salir de la caja. Hay que aprender a pensar diferente.

Dicen que en la adversidad se desarrolla la creatividad, pero yo lo que creo es que, si nos damos cuenta de las muchas competencias que aprendemos a lo largo de la vida, simplemente hay demasiadas cosas que podemos hacer para tener ingresos. Si no lo hacemos, no es porque no tenemos necesidad o creatividad: es porque no nos permitimos salir de la caja y ver más allá de lo que sabemos.

Por si te lo preguntas, Daniel fue a la universidad y estudió impuestos y fiscalidad, ya sabes, porque había que estudiar algo. Pero prefirió dedicarse a la cocina. Porque los impuestos no desarrollan su genio, pero la cocina sí. Y es ahí, en esa zona genio, donde se monetizan mejor las competencias.

Daniel no solo consiguió monetizar la mezcla de cachapas, consiguió la mezcla de habilidades que hacen todo posible.

Si quieres probar esta mezcla que hace que las cachapas sean no solo fáciles de hacer, sino que sean una explosión de sabor, aquí puedes seguir a Daniel y a su negocio: https://www.instagram.com/cachilista.es/, https://www.instagram.com/vidafacilcl/

Sin más rodeos, ¡vamos a hacer dinero!

¿Cómo monetizas lo que haces? ¿Cuánto ganas y quién te paga?, y, sobre todo, ¿has pensado que hay muchísimas más formas de capitalizar lo que sabes, aparte de tu trabajo?

Bueno, la intención de todo lo que has leído hasta ahora era que pudieras responderme: Sí, hay muchas formas de monetizar mis competencias más allá de lo que hago hoy y de quién me paga hoy.

Así que vamos por lo primero, ¿Qué oportunidades hay para monetizar? Ya no estamos en el siglo XX y es mentira que la única forma de hacer dinero es estudiando para tener un trabajo fijo y de ahí tienes tu sueldo seguro. En muchos países y culturas esto se ha quedado anclado en la mente y es parte de la consciencia colectiva, pero por eso aquí creamos posibilidades, y para eso hay que abrir la mente.

Puedes tener un trabajo fijo, sí. Pero también puedes tener otras formas de capitalizar lo que sabes, como dar cursos, escribir un blog, tener un podcast que te genere ingresos, dar asesorías como independiente, puedes tener tu propio producto o servicio, o crear tu propia empresa, puedes abrir una franquicia y un gran etcétera.

Una cosa que puedes hacer es preguntarte cómo lo que eres o lo que sabes se puede convertir en una acción en ingresos. Y ve anotándolo, para que lo tengas ahí clarito.

Una cosa que me gusta hacer con mis clientes es empezar por las cosas sencillas. Lo básico y evidente. Empiezo por las cosas que les gustan y aquello en lo que son buenos, aunque nunca habrían pensado en que podrían hacer dinero con esto.

¿Puedes ir viendo esto y hacerte la pregunta, cómo podría hacer dinero con esto? Te doy unos ejemplos aquí para que vayas viendo cómo funciona.

Soy bueno jugando ajedrez => Podría ganar partidas en maratones de ajedrez que son premiadas con dinero.

Soy bueno escribiendo => Podría escribir un libro o un blog, donde cobre la publicidad

Soy bueno bailando => Podría bailar por horas en concursos o enseñar a bailar y cobrar por ambas cosas.

Hay muchas maneras de monetizar lo que haces, siempre y cuando exista una necesidad en el mercado. Lo importante a retener de esta idea es que hay muchas formas de entregar ese valor, que tiene un precio a cambio. Esta es la clave de toda monetización.

La otra idea que puedes agregar a esta pregunta de cómo hacer dinero es diversificar para ganar. ¿Cómo es esto?

Hay algo que veo comúnmente entre mis clientes, y es que, si bien hay muchas personas que quisieran cambiar radicalmente su carrera y diseñar una vida profesional diferente, también hay muchos que no quieren cambios tan brutales, porque les gusta lo que hacen; se proyectan en el futuro, pero, a lo mejor, quieren crear otras fuentes de ingresos y no saben cómo. O son perfiles multipotenciales y les gustaría tener otras actividades para dinamizar un poco sus días y semanas de trabajo.

Entonces, capitalizar tus competencias no va solo de buscar un trabajo nuevo, sino también de crear diferentes fuentes de ingresos y, mejor aún, de ingresos pasivos.

Ingresos pasivos quiere decir que son fuentes de ingresos para los cuales no estás dando tu tiempo en el momento real, por ejemplo, invertir en bolsa, en inmobiliaria, vender productos en internet, son cosas que te permiten tener una fuente de ingresos, aun cuando duermes.

A diferencia de los ingresos activos, que es lo que percibes cuando das tu tiempo por dinero, por ejemplo, cuando eres empleado o freelancer. Si es la primera vez que oyes esto, te recomiendo que indagues en esto. No quiero venderte aquí ideas de que esto es la clave para hacerse millonario, como muchos lo dicen por ahí. No me gusta vender humo ni sueños innecesariamente. Pero sí quisiera que te quedes con la idea de que es importante crear un patrimonio para el presente y el futuro y, tener clara esta idea de ingresos activos y pasivos puede darte luces para hacerlo desde ahora.

Robert Kiyosaki es, en muchos aspectos, el pionero en esta visión de diversificación y de creación de ingresos pasivos. No es la primera persona que habló de esto, pero creo que sí fue el primero que lo hizo de una forma tan viral a principios del 2000, que los que entramos en esa ola más nunca olvidamos lo que es un ingreso pasivo.

Así que te recomiendo que empieces con libros como "Padre Rico, Padre Pobre", o "El cuadrante del flujo del dinero", que son lecturas fundamentales para abrir la mente en lo que respecta a temas de monetización.

Eso sí, por favor filtra toda la información, porque, en mi opinión, Kiyosaki se dirige a un público prioritariamente norteamericano, y no considero que sus ejemplos apliquen a todos los mercados. Sin embargo, su metodología de los cuadrantes y la idea de crear patrimonio con la mentalidad correcta, sí lo hacen. Al final, mi intención aquí es ayudarte a abrir la mente, a crear flexibilidad, a ver otras opciones.

Por cierto, que, con esa idea, compré el juego de Robert Kiyosaki que se llama CAHSFLOW, y justamente está diseñado para que, jugando, entrenes tu mente para asumir riesgos, invertir, acostumbrarte a hacer transacciones grandes y pequeñas, a pensar desde un punto de vista cuantitativo y financiero, y a entender que el dinero fluye, va y viene. ¡Ese juego me parece genial! Aunque parece muy financiero, es bastante divertido.

No hace mucho lo jugué con mi familia y fue brutal ver cómo las decisiones que tomábamos en el juego venían de la misma lógica financiera que aplicamos a la vida.

¡Por Dios, era un juego!

Si perdíamos dinero, o incluso si terminábamos en la quiebra, no pasaba nada; aun así, ahí vi cómo las estrategias de mi mamá y mi papá mostraban su lado conservador, cómo mi cuñado y yo salimos rápidamente de la carrera de ratas (así se llama en el juego salir del trabajo de 9 a 5 y de estar atrapados en el sistema financiero), cómo mi hermana y mi novio hacían movimientos interesantes, pero su lado aversión al riesgo era más fuerte y los mantenía en sus trabajos de 9 a 5, pero con un patrimonio más sólido que el que tuvieran con solamente sus salarios.

El juego es divertidísimo, pero más allá de eso, de verdad ayuda a crear flexibilidad, a perder el miedo y enseña a invertir. Esto es solo un ejemplo, pero ya ves que, si entrenas a tu mente con un juego, la entrenas al fin. Y esa es la idea, empezar a pensar diferente, a romper barreras y a atreverse a tomar acciones diferente.

Entonces, volviendo a ti, ¿en qué te gustaría invertir? ¿qué competencias tienes hoy que te permitirían empezar a crear fuentes alternativas de ingresos?

Luego, ten en mente siempre la clave de tu posicionamiento profesional. ¿Qué hace que tus competencias sean capitalizables y que puedas vivir de lo que sabes y de lo que te gusta?

Para monetizar tus competencias tienes que enfocarte en una cosa que ya te he dicho, pero que me gusta recalcar. Una cosa que, si te aseguras de hacerla siempre, te prometo que siempre tendrás ingresos.

Enfócate en entregar valor, dar siempre un servicio que la gente necesite y valore, ya que lo que ganarás será proporcional al servicio que ofreces. Te dejo una última idea que ayuda a monetizar mucho más de lo que crees.

¡Plantéate objetivos financieros claros y ambiciosos!

¡Esto es genial y exponencial! Cuando te afirmas y determinas un objetivo financiero alto, vas a activar tu lado creativo y vas a despertar muchísimas más ganas y posibilidades de monetizar tus competencias; esta práctica es poderosísima y yo diría que es hasta imparable.

Pero te cuento más de esto más adelante.

Reflexiona:

Es hora de expandir…

¿Qué competencias puedo capitalizar?

¿Cuánto me gustaría ganar?

¿Cuál es el nivel de ingreso que quiero para pagar mi nivel de vida ideal?

Estima el patrimonio que te gustaría crear en 5 años y empieza a elaborar tu plan para lograrlo.

Sin visión no hay meta, sin meta no hay camino.

Muchas veces nos promueven, porque se abre un puesto, o se va el jefe, o se crea un departamento y nos llaman. Si le decimos "Sí" a esa oportunidad, estamos siendo reactivos en nuestra carrera. Y está muy bien atreverse a salir de la zona de confort y crecer, cuando la oportunidad se presenta. Si lo has hecho te felicito por dar ese paso adelante, que, lo creas o no, muchos no lo dan y se quedan toda la vida en el mismo sitio, solo para quejarse luego.

Sin embargo, la evolución profesional no tiene por qué ser solo reactiva, no tiene que pasar solo porque "me dieron la oportunidad", sino que también puede prepararse. Aquí te preparamos para que seas proactivo en tu carrera.

Ya sabes que tienes todo lo que necesitas, sabes que tienes muchos más recursos de los que pensabas que tenías, sabes que hay muchos movimientos que puedes hacer en el mercado para reposicionarte y que hay muchas formas de capitalizar tus competencias.

El camino hacia la reinvención de tu carrera comienza hoy, desde donde estás, con los recursos que tienes, hasta donde quieres estar. Ya no hay vuelta atrás.

Yo siempre he sido muy soñadora. Sé lo que es tener grandes metas, tener una visión de algo que quiero lograr. Pero también sé lo abrumador que puede ser estar en el proceso de lograrlo. De la misma manera, estoy familiarizada con la sensación de tener ideas diferentes y querer hacer muchas cosas al mismo tiempo, lo que a su vez genera procrastinación, frustración y a veces ansiedad, sin mencionar que nos puede desviar del camino, de nuestro objetivo principal.

Pero hablar de metas no tiene por qué ser siempre pensar en grande. Cuando hablo de sueños y metas, a menudo me encuentro con personas que me dicen que realmente no tienen grandes metas ni sueños, que no tienen grandes ambiciones. Poder soñar no implica necesariamente tener grandes ambiciones, basta con querer algo.

Realmente creo que hasta la persona más humilde y sencilla del mundo quiere lograr algo en la vida.

Si has llegado hasta aquí, significa que has definido ese "algo", esa nueva meta profesional en tu vida. Y, si no lo has hecho, te invito a que la definas ahora. ¿Qué es eso que quieres lograr? Y enfócate en una sola cosa por ahora. Para que la reinvención profesional no se quede en una idea o en un libro que leíste. Para que puedas salir de la caja como es, con un objetivo y con un plan.

Siempre que sepas cómo hacer esto, siempre podrás repetirlo para otros objetivos profesionales.

Mi estilo de coaching profesional, como ya te lo puedes ir imaginando, es una combinación de respeto por tu yo superior como ser humano único, con el pragmatismo de estar cimentado en un plan estratégico. Por eso, te invito a reconectarte contigo mismo y a fijarte "metas auténticas". Cuando establezcas tu objetivo, asegúrate de que tu meta cumple con estas condiciones:

A => Alineada con tus valores, personalidad, habilidades y preferencias.

U => Única para ti. Esta es tu vida, tu carrera, tu objetivo. ¡Hazla tuya, no es la meta de los demás!

T => Tareas claras. Lo ambiguo no lo entendemos y, por eso, no lo hacemos.

E => Empoderamiento. Ponte a prueba, aprende en el proceso y crece para convertirte en un mejor yo.

N => Natural. Sé tú mismo, deja venir lo que naturalmente te corresponde. Muéstrate tal cual eres.

T => Tiempos. Respeta tu propio ritmo, el tiempo de concepción y desarrollo de tus objetivos.

I => Inspirador e intencionado. ¡Si estás inspirado desde dentro, actuarás con intención siempre!

C => Claridad. Ten una visión, una idea clara de lo que quieres crear para ti en el futuro.

A=> Acciones constantes. Ten una meta que te mantenga siempre en movimiento.

S => Servicio. Piensa en tu comunidad, todo lo que das siempre regresa.

Esta meta es tu visión, con esa visión permítete también ir definiendo cómo es tu trabajo ideal. ¿Cuál es ese rol que te gustaría tener cada día? Independientemente de que elijas ser empleado, trabajar por tu cuenta, o crear una empresa, de cualquier manera, tendrás un rol, ese algo que realizarás todos los días en ese rol, ¿verdad?

Ok. Vamos a identificar qué elementos te gustaría tener en tu trabajo ideal:

• ¿Qué habilidades te gustaría explotar?

- ¿Prefieres trabajar afuera, estar en movimiento o en una oficina?

- ¿Cuántas horas de trabajo te gustaría hacer?

- ¿Tiempo completo o medio tiempo?

- ¿Dónde estás localizado o te posicionas globalmente, en línea por ejemplo?

- ¿Estás dispuesto a mudarte o viajar?

- ¿Qué idioma te gustaría hablar la mayor parte del tiempo?

- ¿Cuánto quieres ganar? (Salario fijo y variable, tarifas, ingresos por ventas de productos)

- Cualquier otra cosa específica que te gustaría tener/hacer.

¿Qué te parece esta reflexión?

Algunos de mis clientes la encuentran divertida, otros la encuentran difícil. De cualquier manera, la clave de esta reflexión no es solo anotar todo en un papelito, es que te lo imagines. Que lo crees en tu mente de verdad. Que imagines cómo sería si tuvieras ese rol cada día, con esos resultados.

Reinventar tu carrera es un desafío, ya lo sabemos. Ya sea cambiar de trabajo, cambiar de sector, aprender una profesión nueva, invertir o crear una empresa requiere que estés preparado a dar pasos adelante y atrás. Requiere afrontar cosas que no salen como querías, vivir retrasos en los planes, o incluso cambiar de estrategia. Lo sé por experiencia propia, y lo veo siempre con mis clientes.

He visto a personas abandonar metas bellísimas y superinteresantes, y también he visto a muchos con proyectos que muchos tildarían de "medio locos" llevarlos a una realidad increíble, donde construyeron fuentes de ingresos fluidos y están felices. He visto cambios de opinión y de proyectos a mitad de camino. La verdad es que he visto de todo.

Aquí he compartido contigo cómo trabajo, y te aseguro que he aplicado los pasos de la metodología con todos mis clientes; pero entonces, ¿por qué algunos logran sus objetivos y otros no?

Porque el gran secreto de una reinvención profesional exitosa no se halla en la metodología, ni en la estrategia perfecta, se halla en la mentalidad y la visión con la que te embarcas y comprometes en tu proyecto. Y esto, es cien por ciento tu responsabilidad, ¡la buena noticia es que tú estás al mando!

La mayoría de las personas que conozco que abandonaron la idea de hacer la transición y seguir una carrera que los motiva lo hicieron porque no pudieron superar los miedos, la ansiedad y el estrés que una transición puede causar. Abandonaron el proyecto, porque la visión no era fuerte ni clara, y entonces la meta cambiaba, y es ahí donde ataca la inseguridad.

Pero tú eres bien inteligente y estás leyendo este libro hasta el final justamente para que eso no te pase. Le dedico toda la próxima parte del libro precisamente a la mentalidad, a todos los aspectos que te permitirán vivir el cambio. Pero, por ahora, vamos a concentrarnos en hacer que ese cambio empiece a ocurrir: para eso necesitas esta visión, esta meta y también un camino.

Ahora sabes que hay muchas cosas fuera de la caja y que lo que hay afuera, esta nueva forma de trabajar, te harán sentir mucho más realizado, pero aún tenemos todo por hacer. En esta etapa necesitas una hoja de ruta que muestre tus hitos y tu objetivo final. La idea es construir ese camino.

Un gran meta puede resultar abrumadora; es más, vamos a decir las cosas como son, una gran meta y cambio nos hace hacernos caca en los pantalones (ya sabes que tenía otra expresión en mente, pero nuevamente, no pienso dejarla plasmada en el libro). Es así, aquí no hay secretos. Todas las veces que me he planteado un objetivo nuevo me ha dado miedo, cuando avanzo me da más miedo, y cuando veo resultados, aun si me alegro por ellos, el miedo sigue ahí. Y ver la meta gorda allá al final sigue dando miedo.

Por este motivo te invito a dividir la gran meta en varios pasos. Los pasos pequeños dan menos miedo, o no dan nada de miedo. Los pasos pequeños incluso a veces ni los vemos. Por eso también a veces nos cuesta ver lo que avanzamos. Pero son tan esenciales como la meta mayor, que está al final del camino.

Aquí va a salir a predominar el hemisferio izquierdo de mi cerebro, porque te voy a recomendar un clásico que nunca falla. Crea tu plan de acción, estima tu presupuesto y define tus metas intermedias. Suena aburrido y poco original; sí, puede ser, pero es que para qué inventar el agua caliente de nuevo. ¡Si tenemos miles de modelos y ejemplos de éxitos que nos indican que, cuando haces pequeñas cosas cada día, creas logros enormes en el largo plazo! Entonces vamos, sin excusas, que la vida se nos va muy rápido. Vamos a crear esos pasitos, esos hitos, metas intermediarias o como quieras llamarlo. Pero, por fa, créala y empieza con una primera acción que puedas poner en práctica rápidamente.

Esta hoja de ruta es pura magia, porque te da el control. Cuando tienes una meta dividida en pasos, te aseguro que vas a poder hacer todo esto:

- Controlar el estrés y la ansiedad causados por la transición, a medida que tomas conciencia de los recursos que vas necesitando, lo que tienes y lo que hace falta.
- Calcular tus gastos, presupuestos y conocer exactamente lo que vas a vivir, mientras logras tu transición.
- Tener un objetivo claro y ser consciente del tiempo que te llevará alcanzarlo; de esta manera las expectativas están claras y puedes vivirlo con más calma.
- Puedes hacer algo divertido que es marcar los hitos. Un gran y gordo "hecho" crea confianza y te empuja a llegar más lejos. Esto está más que probado científicamente. La mente se programa y, con cada "éxito", la programas para alcanzar el siguiente.

Ya, por último, ya que estamos citando a Robert Kiyosaki en este capítulo, aquí te dejo otra idea de él:

"ESPERA LO MEJOR, PERO PLANIFICA PARA LO PEOR.
NO PLANIFICAR ES PLANIFICAR EL FRACASO".

Esta es, sin duda, una frase que subrayo con ahínco.

No solo porque a mí me gusta planificar el camino y estar preparada para lo que puede salir mal. Sino porque, volviendo a la proactividad, he aprendido a hacer lo que yo llamo "construir puentes" para pasar esos obstáculos.

Así que, siguiendo con la activación del hemisferio izquierdo, cuando construyas esa hoja de ruta, esos hitos pequeños que te llevan al grande, te invito a que pienses en estas tres cosas:

- Recursos: Pregúntate qué recursos tienes ya para alcanzar ese hito (educación, tu red de conocidos, dinero, tiempo, etc.) Con qué cuentas ya para alcanzar esa meta intermedia.

- Obstáculos: Pregúntate qué puede salir mal, qué puede faltarte. Qué parte del plan podría cambiar y que desde hoy lo puedes identificar (rechazos, falta de financiación, falta de algún conocimiento, etc.)

- Puentes: Pregúntate qué estrategia podrías poner en práctica para resolver ese problema que te trae el obstáculo. Un puente también ser un acelerador en tu proceso, entonces puedes preguntarte qué acción puedes hacer que te permita alcanzar ese hito más rápido (trabajar con un coach o un mentor, hacer una formación, pedir un préstamo, buscar un trabajo de transición, etc.)

Este es un ejercicio muy mental, y te prometo que, si lo haces para cada hito, vas a acostumbrar a tu cerebro a que piense siempre para alcanzar el éxito.

Lo vas a dirigir para que siempre encuentre y use los recursos que ya tienes que te sirven para esa meta. Vas a entrenar tu cerebro a que vea desde el principio lo que puede retrasarte o bloquearte, no para que frenes o no sigas con tu meta, sino para que tengas consciencia de estos y no vivas en negación.

No ver los obstáculos hace que no vayamos más allá de tener un sueño, es lo que impide que un sueño se haga proyecto, y que ese proyecto se haga realidad.

Y, por último, al construir puentes, entrenas tu cerebro a que, por cada obstáculo que encuentre, busque la solución o la forma de ir más rápido, lo entrenas a que vaya un paso más adelante.

Te lo dije arriba, pero tengo ganas de repetírtelo, la clave del éxito en la reinvención profesional no se trata de tener el plan o la estrategia perfecta, se trata de tener la mentalidad correcta que te lleve al éxito, sin importar lo que pase.

Es justamente con este tipo de ejercicios con los que entrenas tu mente a crear, no el plan sin fallos; eso no existe, sino el plan que, aun con fallos, te permita ir ahí siempre un paso adelante.

Es tu mente la que te lleva a la meta gorda, esto es un hecho.

Y lo verás tú mismo.

¡Así que vamos a entrenarla!

Hack Mental:

Crea y fortalece la mente que te llevará a donde quieras.

"Me enfoco en oportunidades y no en obstáculos. Siempre pienso en cómo sí puedo lograr lo que quiero. Los recursos y las respuestas van emergiendo solos".

Capítulo 11: Una reinvención sin desbancarse

¡Uy, pero eso es muy caro para mí!

Hay un tema que trae a muchos de cabeza, y que definitivamente es un freno mental, si no se anticipa correctamente. Aquí me dirijo a los que se estén planteando hacer una reinvención profesional y los pensamientos de escasez los atacan antes de tomar ninguna acción.

Una reinvención profesional parece un titán en lo que a objetivos se refiere, ya lo sabemos; lo he vivido personalmente y acompaño muchas reconversiones en el año.

Y uno de los temas más delicados al respecto es la parte financiera y la preocupación de no tener suficiente, mientras se da el paso y luego al momento de hacer el cambio necesario en la carrera.

Primero que nada, no te pongas frenos financieros, porque el dinero es el recurso más fácil de conseguir, desde el momento en el que tienes consciencia financiera del proceso de reinvención profesional, es decir, cuando defines qué tipo de reinvención vas a hacer y cuáles serían los costos asociados a la transición.

Como ya lo sabes, una reinvención profesional incluye muchos tipos de cambio laboral. Puede ser un cambio de sector, o lanzarse como freelance, crear su propia empresa, cambiar de área o profesión, o buscar maneras para diversificar tus ingresos.

Y a estas alturas del partido, ya tienes definido o al menos una buena idea de cómo quieres reinventarte.

Vamos a ponerlo así, plantearse una reinvención profesional es saber que vas a hacer algo de una manera distinta o en un contexto distinto al que estas acostumbrado y eso, por supuesto, toma tiempo y hace falta protegerse mental y financieramente para hacerle frente.

En este capítulo hablamos de finanzas, y me concentraré en el plan financiero que deberías tener en mente, y para el cual también hace falta cambiar algunos hábitos y adoptar costumbres sanas en las finanzas personales.

No, espérate, ¡no te vayas!

No dejes de leer, que vamos bien.

Vamos, vamos, que esto se pone bueno, porque se pone factible.

Sé que puede sonar aburrido y, sobre todo, para aquellos que están muy lejos de esta área, a lo mejor crees que no te entiendes mucho con los números.

Pero, por fa, no te vayas a estas alturas, que el tema del dinero hay que verlo. Y no tiene por qué ser un martirio, sino al contrario, vas a ver que, en lo que le abras los brazos, vas a ver mucho más claro esas posibilidades de reinventar tu carrera.

Confía en mí, que haremos un paseo por las finanzas para una reinvención, de manera de que abras la mente y esa expresión "uy, pero eso es muy caro para mí", empiece a salir de tu vocabulario.

Curso básico de finanzas personales

Vamos, vamos, a prepararnos a abrir las aplicaciones de los bancos, a ver las cuentas, a abrir el cochinito o a sacar los reales debajo del colchón. Pero, más que ver los ahorros y los recursos financieros que tienes, es hora de hacer un pequeño curso de finanzas personales para que sepas exactamente dónde estás parado, financieramente hablando.

La base principal para cualquier plan financiero bien sea que estés en un proceso de reinvención o en cualquier otro momento de decisiones financieras importantes, es tener conciencia de lo que cuesta tu estilo de vida.

Aquí no estoy para regañarte ni nada, pero, si eres adulto y tienes autonomía en el manejo de tus finanzas es importante que sepas llevar el control de tus gastos. Espero que tú, que me estás leyendo, lleves tus fianzas personales bien y conozcas el flujo de entradas y salidas que tienes al mes, y más aún, que no gastes más de lo que ganas.

Si no estas claro de esto, entonces aquí sí viene el regaño. ¡Es el momento de hacerlo! No te lances en una reinvención profesional, si no sabes cuánto necesitas para pagar tu estilo de vida primero.

¡Esto es primordial! Y yo sé que para muchos no siempre es un ejercicio agradable, y, si es tu caso, mira, hay formas de llevar el control de gastos bastante sencillas, desde descargar los estados de cuenta de tu banco y luego comparar entradas y salidas en un Excel sencillo, hasta usar aplicaciones de finanzas personales, como Toshl Finance, Fintonic o Wallet. ¡En realidad hay muchísimas! Es más, hasta los mismos bancos a veces te separan los gastos e ingresos y te ofrecen reportes de tus finanzas gratuitamente.

Hay muchas soluciones, muchas más que excusas.

Así que lo primero es esto, ten claridad de cuánto cuesta tu estilo de vida.

Tu estilo de vida tiene dos componentes, los costos fijos y los variables. Los costos fijos por lo general están relacionados con los costos de vivienda, transporte y comunicaciones. Pero también puedes tener otros, porque son servicios o productos necesarios en tu vida.

Aquí te dejo una lista (no exhaustiva) de gastos fijos:

- Vivienda: Alquiler, hipoteca, condominio, gastos de comunidad o impuestos de propiedades.
- Servicios: Luz, electricidad, gas, agua, internet, teléfono, televisión, seguro del hogar.
- Transporte: Tarjeta de transporte público, parking, gasolina, seguro del vehículo, cuotas, si tienes vehículo a crédito.
- Entretenimiento: Netflix, Amazon prime, HBO, Disney Plus, abono de cine, ¡tú sabrás qué más tienes por ahí!
- Salud y fitness: seguro de vida, seguro de salud, abono del gimnasio, yoga, clases de baile, artes marciales o lo que practiques siempre.

Todo eso que te cargan a la cuenta o a la tarjeta mensualmente, por el mismo monto o similar, todo eso son costos fijos. Lo mejor es que los veas y los calcules, porque seguramente son cosas que no puedes negociar. Si bien seguro no pagas todas las aplicaciones de entretenimiento o, a lo mejor, no pagas por alguna actividad extra, lo que sí es casi seguro es que vivienda, servicios y transporte no sean negociables.

Si estás en terapia, o necesitas un tratamiento médico o tienes mascota que requiera un servicio especial, o mantienes a alguien o pasas algún tipo de manutención, todo esto también entra como gastos fijos, que a veces subestimamos.

Lo mismo aplica, si tienes préstamos u otras obligaciones que tienes que ir pagando mensualmente.

Observa tu estilo de vida y ten claro cuáles son tus gastos fijos. No cierres los ojos, lleva el control de tus finanzas, para que puedas aspirar a metas más altas.

Luego vienen los gastos variables. Las comidas y salidas son de los gastos variables que casi entran como fijos. Son variables, porque dependen mucho de tu estilo de vida, de qué tanto comes afuera, qué tanto pides comidas y cuánto cocinas mensualmente.

Así que lo mejor es que eches para atrás unos 3 a 6 meses en tus cuentas y calcules cuánto has gastado en promedio en comidas y salidas, y eso te da un numero representativo de tus gastos mensuales.

También tenemos aquellas cositas que a veces las llamamos gastos extraordinarios. Sabes, cuando se nos antoja comprar ropa o accesorios, o compras algo para tu casa o le haces un regalo a alguien. Estos son un poco más difíciles de calcular, porque no gastas lo mismo cada mes, pero puedes crearte un margen mensual para que tus cálculos sean más realistas.

Te dije que haríamos un curso de finanzas personales básico. Así que vamos, a seguir viendo números, que es más divertido de lo que parece, y, si te está estresando, lo entiendo.

Tómate un respiro, sacúdete, pero vuelve, que la negación no te va a ayudar ni a crear patrimonio ni a reinventar tu carrera.

Vamos a seguir con la segunda parte, la más interesante:

¿Cuál es tu nivel de ingresos?

Aquí vas a incluir tu mayor fuente de ingresos, bien sea salario u honorarios, así como también otras fuentes alternativas, como regalías, rentas, intereses, etc.

Todo lo que entre como saldo positivo, bien verdecito y lindo en tu cuenta, esos son ingresos, y, mientras más claro estés de cómo contabilizarlos, mejor.

En este curso de finanzas personales básico tengo que recordarte lo esencial: La idea es que mensualmente ganes más de lo que gastas.

Obvio, pero no tan obvio.

No sabes cuántas personas se saltan esta premisa tan evidente; bueno, a lo mejor sí lo sabes. Si tus gastos mensuales son más altos que tus ingresos mensuales y tienes que acudir a tarjetas de crédito o débitos diferidos del banco, ¡entonces no tienes salud financiera!

Lee bien, anota bien, y, sí, esto es un imperativo para seguir trabajando en tu reinvención profesional.

No tienes idea de cuántos por ahí se han bloqueado posibilidades de carrera, cambios de sector, ideas geniales de emprendimiento, no por no tener la capacidad financiera, sino por no tener la consciencia y salud financiera necesaria.

Esto para mí no es negociable, y no me permito que pases de estas líneas sin que entiendas esto.

Por favor, revisa tus cuentas, revisa tus finanzas, y define no solo quién quieres ser con esta reinvención profesional, sino cuánto quieres tener.

Los objetivos profesionales van de la mano con los objetivos financieros y, si lo hacemos bien, te puedes crear posibilidades muy interesantes de cambio.

Así que te invito a que hagamos estos pasos juntos:

- Ten claridad de cuánto cuesta tu estilo de vida: Revisa y estima tus gastos fijos y variables mensuales.
- Ten claridad de tu nivel de ingreso mensual
- Revisa si tienes salud financiera y establece las primeras acciones necesarias para tenerla, si no es el caso.
- Revisa cuánto tienes de ahorro y de inversiones, si tienes alguno.
- Define tu nuevo objetivo financiero

Estos 5 pasos son necesarios para crear esa consciencia financiera de la que hablamos al principio de este capítulo.

Ya después lo que queda es presupuestar, así que sigue conmigo, que seguimos echando números, pero esta vez buscando la factibilidad de tu proyecto.

Hack Mental:

Todos millonarios del mundo tienen claridad financiera y son buenos administrando su dinero. Empieza a modelarlos para crear más prosperidad para ti. Repite conmigo:

"Tengo claridad financiera y soy excelente administrando mi dinero".

Sé financiero sin título por un momento

Una de las preguntas más comunes con las que me encuentro en mi carrera con mis clientes es: ¿Cuánto cuesta la reinvención?

Pues todo depende de cómo te quieres reinventar, ¡claro está! Así que voy a ir explicando el caso de cada uno de los caminos de la reinvención.

Empecemos por un cambio radical de carrera, lo que llamamos una reconversión profesional. Por ejemplo, una persona es gerente de marketing y quiere hacer control de gestión, o quiere ser coach o sofróloga. Cualquier cosa que no tiene nada que ver con su área funcional o con su profesión. Este caso requiere una formación para poder adquirir las competencias duras necesarias en el área nueva o en la profesión nueva. Como ya lo vimos en el capítulo anterior, hay muchos tipos de formación y no todos cuestan igual. No es lo mismo hacer una formación para aprender cómo manejar gente, o como conducir reuniones, hablar en público y manejar conflictos, que hacer un MBA.

Lo que sí es cierto es que no he acompañado ni un solo caso de reconversión profesional que no haya incluido alguna formación, bien sea de largo plazo o, al menos, algún curso corto para aprender competencias específicas necesarias en la nueva área donde la persona se quería posicionar.

Por el contrario, he visto varios casos frustrados de reconversión, porque las personas pretendían reposicionarse sin estudiar nada nuevo y sin prepararse con competencias duras para el nuevo rol. No querían gastar dinero, y luego se quejaban de seguir en el mismo puesto y no poder hacer lo que de verdad habrían querido hacer.

No puedes cambiarte de área funcional o de profesión solo con competencias transferibles. Estas te ayudan a reposicionarte y a darle valor a tu perfil, pero tienes que formarte en aquello que quieres hacer.

Luego tenemos los casos de reinvención en los que no se requiere una formación larga, porque no vas a hacer una reconversión profesional, sino que buscas hacer una evolución, ya lo sabes, movimientos hacia arriba o laterales. Con lo cual, alguna formación de gerencia o de especialización en el área pueden ser bastante útiles. Nuevamente, cuánto cuesta esto: pues eso va a depender de la formación que escojas.

Y ya, por último, emprender. Muchos creen que no hace falta formarse para emprender, pero yo sí te digo que sí hace falta. Sobre todo, si nunca has estudiado negocios y pretendes manejar uno. Así que yo aquí también incluiría al menos un curso básico de emprendimiento, negocios, finanzas o marketing, para poder llevar con algo de gracia y consciencia tu nuevo emprendimiento.

Como yo sé que tú eres bien inteligente, y sé que estas evaluando alguna formación o acompañamiento específico para lanzarte en tu proyecto de cambio de carrera, te recomiendo entonces que hagas esta investigación y esta estimación de gastos de matrículas, que, en realidad, no son gastos, sino inversiones a corto o largo plazo.

Pero los costos de la reinvención no están asociados solamente a la formación.

Si tú quieres hacer un cambio radical de carrera y estás pensando en embarcarte en una reconversión profesional, dependiendo de qué tan larga sea la formación, y qué modalidad tenga, si es a tiempo completo, o no, también tendrás que estimar cuánto te costaría vivir mientras estudias, especialmente si no puedes percibir muchos ingresos en ese tiempo.

Luego, si lo que quieres es emprender, claro está que tienes que estimar otros gastos. Aquí te dejo una lista, nuevamente no exhaustiva de lo que tienes que estimar:

- Gastos de constitución de la empresa: contable, abogado, notario, publicación, impuestos, capital inicial.

- Inversión inicial para instalar el negocio: canon de entrada, si inviertes en franquicia, stock de productos, si vendes alguno, acondicionamiento del local, si es negocio físico, instalación de página web, hosting, dominio y sitio de e-commerce, si es negocio en línea.

- • Marketing, publicidad y ventas: activación de redes sociales y publicidad para tráfico pago, programas de embudos de ventas, automatizaciones, etc. Apoyo: community manager, comercial u otros. Otras herramientas de marketing y comunicación que consideres pertinentes para tu negocio.

Esto es lo básico para emprender; a veces cuesta más, a veces cuesta menos, todo depende, por supuesto, de tu proyecto. Pero, más o menos, para esto hay que proyectarse. Si estás pensando en algún tipo de negocio que requiere viajes, negociaciones o transacciones a nivel internacional u otro, también es bueno que integres esto en los costos.

Y, ya para terminar esta parte, el último costo asociado a la reinvención profesional es el tiempo de la reinserción profesional, es decir, mientras arrancas esa nueva empresa, mientras te das a conocer como independiente o mientras encuentras trabajo en esa nueva área o sector.

Mi recomendación es que hagas un estimado de este tiempo, para que puedas crearte un colchón de seguridad, porque, definitivamente, esto es parte del costo de la reinvención, que hay que tener claro para vivirla con más tranquilidad.

Si eres numérico, este es un ejercicio divertido. Si no lo eres tanto, te recomiendo igual que hagas tu archivito de Excel con tus proyecciones de gastos, ingresos y el tiempo de la transición.

Crea un espacio donde puedas tener esa visibilidad del proceso de la reconversión de principio a fin, como una especie de calendario en el que vas anotando las etapas y acciones, los costos asociados y los ingresos que puedas ir percibiendo (o no en esos tiempos, de manera que entiendas también en qué momentos tendrás flujos de salidas de dinero más importantes, y en cuáles no tanto.

¡Esta visibilidad vale oro y te aporta una tranquilidad que no te imaginas! Porque vas a poder no solo identificar la factibilidad financiera de tu reinvención, sino que podrás anticipar tus necesidades financieras mucho más claramente.

Mi intención con este capítulo, por supuesto, no es brindarte un análisis financiero o de viabilidad extenso y exacto. Considero que este puede ser el objeto de un libro completamente diferente. Pero sí quiero brindarte el primer enfoque sobre la estimación del presupuesto, para que lo puedas palpar, entender y veas que es factible.

Si quieres facilitarte esta tarea: Visita mi página web y descarga el archivo: "Plan Financiero de Cambio de Carrera": https://jessicarojasliscano.com/recursos/

Bueno, ahora sí, ¿cómo se hace esto?

Si te has tomado el tiempo de echar esos números horribles, seguro estás en esa parte donde dices: ajá, y ¿cómo se hace esto?

Si tienes el dinero y tienes claridad financiera. Excelente. Sáltate esta parte y vete directo al próximo capítulo. Listo, te adelantaste un curso por tener ese cochinito lleno o tener la fortuna de tener una capacidad financiera que muchos no tienen.

¡Así que úsala inteligentemente!

Si no tienes el dinero, calma, no entres en pánico, no hace falta desmotivarse ni abandonar nada. Al contrario, ya sabes que aquí estamos para ayudarte a salir de la caja y crearte posibilidades.

Hay muchas cosas que puedes hacer para crearte una estrategia financiera que haga factible tu proyecto de reinvención profesional.

Primero que nada, empecemos con lo que tienes. Si tienes ingresos pasivos (rentas, dividendos, intereses, pensión) constantes, o si la formación es a tiempo parcial y no tienes que dejar de trabajar para hacerla, ahí ya tienes como respirar sin mucho problema. Solo necesitas una buena organización del tiempo.

Si no es el caso, suponiendo que vas a hacer una formación a tiempo completo o que vas a lanzar tu empresa, dependiendo del país en donde estás, podrías contar con algún tipo de ayuda del Estado. Aquí no te puedo dar mucho detalle porque no sé dónde estás, esto lo tendrás que averiguar tú, o preguntarle a alguien que ya lo haya hecho para que te oriente. Yo, la verdad, es que no cuento mucho con las ayudas del Estado; no tengo ese reflejo, pero, cuando lo he hecho, me ha funcionado bastante bien. Así que no lo subestimes, no sabes qué ayuda del Estado podrías obtener que te permita respirar y hasta dar un salto importante en tu reinvención.

Por otro lado, podrías optar por algún financiamiento del sector privado. Esto es básicamente solicitar algún préstamo bancario, bien sea préstamo de estudiante, crédito para proyecto personal, o crédito para empresas o microcréditos. Ve a tu banco de confianza y pregunta todo lo que necesites. No tengas miedo a endeudarte. Las deudas no son malas siempre y cuando tengamos un flujo de caja que permita pagarlas. Los créditos y préstamos ayudan al crecimiento de las empresas y personas, nuevamente, si tenemos la capacidad de rembolsarlos. Para este paso, si estás creando una empresa, vas a necesitar un plan de negocios, para lo cual te recomiendo que trabajes con un coach o consultor de creación de empresas, un economista o alguien que sepa hacerlo bien.

Otra cosa, siempre pensamos en préstamos bancarios, pero hay un par de opciones más que casi nunca se mencionan. Especialmente en el caso de la creación de una empresa. Puedes presentar tu proyecto a un Business Angel. Estas son personas que tienen dinero y lo invierten en proyectos de otros. Por eso, se llaman así, ángeles de negocios. Esta es una solución magnífica, porque no solamente puedes conseguir financiamiento, sino que te va a obligar a presentar un proyecto factible e interesante, que, si la persona lo acepta, es porque piensa y está convencida de que sí será rentable.

A diferencia de los bancos, si el negocio no funciona, el Business Angel no podrá venir contra tus bienes o tu familia: va a perder el dinero y ya. No hay garantías; por esa razón, ellos se aseguran de invertir en un proyecto verdaderamente rentable. Al menos en la teoría; por eso, buscan conocerte bien, tus motores (parte 1 de este libro), tus competencias (parte 2 de este libro) y el análisis que hayas hecho del mercado (esta parte 3 del libro). El Business Angel te presta dinero contra un porcentaje de rentabilidad al tiempo que pacten.

La otra opción es hacer algún proyecto de crowdfunding para poder impulsarte. Hoy hay muchas plataformas de crowdfunding: en español es micro financiación. Son plataformas donde particulares pueden poner su dinero en proyectos de otros, los ayudan a financiarlos, y ganan intereses con esa inversión. Crear uno de estos proyectos te compromete a pagar no solo lo que te presten, sino también un porcentaje de rentabilidad. Nuevamente, estos proyectos son de riesgo: los inversores saben que están ayudando a otro y pueden perder el dinero.

Las plataformas de crowdfunding permiten financiar proyectos grandes como inversiones inmobiliarias o creación de empresas, pero también pueden financiar proyectos personales como una formación. Para eso también puedes buscar páginas de peer-to-peer lending, que funcionan de la misma manera. Me encantaría darte algún ejemplo concreto, pero estas plataformas van evolucionando mucho y muy rápido, y seguro que entre que termino de escribir y publicar este libro y que tú lo leas, ya hay como mil páginas más y unas 500 menos. Así que te dejo que las investigues tú mismo, si ves esto como una opción.

Luego, siempre está la opción de ver en tu red de amigos y familia quién podría contribuir con tu proyecto. Esta es una opción que tampoco puedes subestimar. Yo sé que a veces cuesta pedir ayuda, o nos da vergüenza pedir dinero. Pero no sabes cuándo podría ayudarte, si no lo intentas.

Ya va, que no he terminado con las opciones: también tienes lo que yo llamo los trabajos puente, que son soluciones temporales en tu transición.

Te los explico.

Digamos que estás preparando una reconversión profesional, es decir, que vas a cambiar radicalmente de profesión. Esto implica que empezarás desde cero haciendo algo nuevo. Por eso podrías considerar un trabajo puente. Es decir, un trabajo que permita generar algún nivel de ingresos, aunque no sea en lo que vayas a trabajar más adelante, o un trabajo que te vaya introduciendo en esa nueva área y que te remunere de alguna manera.

Por ejemplo, yo tuve una cliente que hizo una reconversión profesional: estaba trabajando en servicio al cliente y quería crear su pastelería. Para esto se inscribió en una formación de pastelería y en otra de manejo de negocios. Y, a tiempo parcial, buscó trabajo como ayudante de cocina.

Esto es un trabajo puente. Es una forma de meterse en el área, ganando algo de ingresos, y, sobre todo, ayudándola a hacer la transición.

Otro ejemplo de trabajo puente es utilizar plataformas de freelance o trabajos a destajo, en los que puedas proponer los servicios que quisieras ofrecer en tu empresa o en el trabajo que quieres encontrar.

Por ejemplo, tengo otra cliente que se reconvirtió a diseñadora gráfica. Mientras hacia su formación (que duró un año), se apuntó como freelance en una plataforma que se llama Fiverr. Ahí ofrecía servicios para hacer diseño gráfico, tarjetas de presentación, logos e incluso páginas web sencillas. Mientras avanzaba en su formación, pudo ir proponiendo más y más servicios, o ir mejorando los que proponía.

Al término de su formación, había generado algo de ingresos, y, sobre todo, mucha experiencia, que pudo poner en su CV, y que la ayudó a conseguir un trabajo luego en una agencia de comunicación.

¡Trabajos puente!

Son una gran solución, ¡de verdad!

Sirven para hacer dinero, al menos algo de ingresos para poder respirar, sirven para ganar experiencia y, más aún, lo que yo considero más valioso, ayudan a hacer la transición mental y emocional de cualquier reinvención profesional.

Ahí lo tienes, tu plan financiero inicia con la claridad del costo de vida actual y del costo de la reinvención, y sigue con tus proyecciones de tiempos y flujo de caja, y termina con la definición de estrategias para apoyarte en el proceso de transición y de lanzamiento al nuevo mercado.

Sí se puede, de verdad, sí se puede.

Ya ves que hay muchas opciones.

Hack Mental:

Programa tu mente para que siempre encuentre los recursos financieros para construir tus metas. Repítete cada día:

"El dinero es energía, y fluye a mí constantemente".

Pensamiento estratégico, pensar a largo plazo, sincronicidades y algo más

Ya te he venido contando mi historia, desde que me gradué de economista hasta que me convertí en coach y emprendí una carrera diferente. Pero quiero contarte un poco más sobre cómo se dio todo, paso a paso.

Porque contar la historia después de que pasa es fácil, pero vivirla sin saber cómo se van a desenvolver las cosas, bueno, se vive diferente.

Ya sabes que tuve mi momento de estar en blanco, perdida, y que empecé a encontrar respuestas en libros como "The values factor" y haciendo ejercicios de coaching. Por allá en 2013.

Ahí empezó todo.

Y, cuando empecé a encontrar respuestas, fue la primera vez que entendí que no me iba a dedicar toda la vida a hacer economía; no sabía muy bien qué iba a pasar, pero ya sabía que había otras competencias que quería explotar y otra manera de diseñar mi carrera. Entendí que existía el coaching y que yo era buena enseñando, optimizando el tiempo, y ser independiente podría responder mejor a mi personalidad y a mis preferencias.

Ahí, en septiembre de 2013 empecé a escribir, hice mi primer blog, que se llamaba time management tool kit, un blog donde escribía sobre productividad, gestión de tiempo, optimización de la agenda y más cositas de ese estilo. Aprendí muchísimo de marketing digital, pero no me metí demasiado en el mundillo. Sabía que, si quería ser coach, tenía que hacer algo más.

Primero, necesitaba dinero; segundo, necesitaba mucha más experiencia; y tercero, necesitaba formarme verdaderamente como coach. Así que me metí en cursos para lanzarme como independiente y aprender todo sobre ser freelance.

Y, por supuesto, en todas partes me decían que era muy joven para lanzarme y que mejor buscara un trabajo.

En cierta forma tenían razón: yo también lo sentía, yo también lo pensaba.

Así que me dediqué a buscar trabajo. Un trabajo que en ese momento no lo etiqueté, pero que sabía que era un trabajo puente. Sabía que el primer sueldo que ganara lo iba a destinar a pagar mi certificación de coaching. Ya ves que fui armando mi plan, al menos en mi cabeza.

Al cabo de unos meses encontré el trabajo puente perfecto, un trabajo en consultoría de organizaciones. El proyecto donde me asignaron era una empresa que estaba cambiando su sistema de información de recursos humanos. Aquí me toco trabajar con equipos multidisciplinarios, internacionales, y expertos en muchas áreas, pero, sobre todo, en recursos humanos, claro está.

Trabajé de la mano de reclutadores y gestores de carrera. Aprendí todo lo que buscan, cómo operan, cómo funciona todo desde el punto de vista de no solo una empresa, sino de un grupo internacional. ¡El sistema que estábamos implementando era para más de 100 países! Fue una exposición extraordinaria para entender todo lo que había que entender sobre recursos humanos, y todo esto me fue aclarando más aún mi panorama. No fue casualidad ni suerte, fue sincronicidad: yo necesitaba ese conocimiento para más tarde. En ese momento no lo sabía, pero me estaba convirtiendo en coach de carrera.

Tal como lo dije, mi primer sueldo no se fue en carteras ni zapatos; lo guardé para pagar una parte de mi certificación de coaching.

No estaba segura de donde la haría, así que empecé a investigar y me crucé con los videos de Edmundo Velazco y la Escuela Superior de PNL. Él tenía un programa todas las semanas, en el que hablaba de herramientas de PNL y cada semana me explotaba la cabeza de conocimientos.

Cada vez que podía veía sus videos, y comencé a aplicar las técnicas en mí. Esto me ayudo muchísimo a mejorar mi confianza, mi postura, la comunicación con mi jefe y me dio la luz que necesitaba para definir mi próximo paso.

Sabía lo que quería, donde me iba a certificar y que, para finales de 2015 estaría lanzándome como coach. Visión clara, objetivo claro, plan claro. Aunque el camino no siempre es recto.

Estuve trabajando en el proyecto de consultoría desde abril de 2014. En enero de 2015 empecé mi certificación coaching con fuerza y determinación, en mis tiempos libres, porque estaba trabajando a tiempo completo como consultora.

Para mi sorpresa, a finales de enero, cuando tocaba cambiar mi visa, algo no salió bien.

El gobierno francés decidió que no podían hacer el cambio en ese momento, y que tenía que esperar a formalizar otros procesos y solicitar otra cita, que tendría lugar en junio. ¡En junio! Es decir, que podía estar legalmente en Francia, pero no podía trabajar.

Esta parte no estaba en el plan, definitivamente no.

No sé cómo describirte lo que sentí. Fue una combinación de "se me viene el mundo encima, me quedo sin trabajo" con "esto es lo que estaba esperando que pasara". Angustia con alivio, estrés con confianza. Una cosa rarísima.

Ese mismo día me fui directo de la prefectura a la oficina a recoger mis cosas, y llamé a mis jefes para contarles que ya no podía seguir trabajando. Entre la confusión de la información y tratar de buscar soluciones, al final no me quedó otra sino legalmente renunciar al puesto, con la promesa de que volvería al renovar la visa. Al renunciar, perdía el derecho a cobrar el paro.

No importaba; seguí mis clases. Aproveché el tiempo para cambiar mi blog, que ya no era sobre gestión de tiempo: ahora era sobre desarrollo personal y profesional, creé el grupo Meetup, y activé las acciones de Networking, como ya te conté. Esos 5 meses en los que no podía trabajar fueron los meses que necesitaba para hacer la transición. Esta es la parte del plan que no es perfecto, pero que se da con fluidez, gracias a las sincronicidades que se generan cuando hay claridad e intención.

Yo nunca planifiqué que fallara la renovación de la visa; fue una adversidad convertida en un regalo de la vida.

La parte estratégica, luego de ese gran regalo, fue la siguiente. Para junio, yo ya tenía contactos y hasta los primeros clientes, aun sin haberme certificado, pero necesitaba el dinero para arrancar. Fue ahí cuando, al reactivar mi visa, llamé a mis antiguos jefes. Les propuse volver, pero a tiempo parcial, y solo por 6 meses. Lo suficiente para ahorrar algo, pero también para activar el paro que podría cobrar los siguientes dos años.

Trabajé hasta diciembre y en enero de 2016, con visa nueva, paro activado y mis dos primeros clientes, lancé mi practica de coaching formalmente. Esta vez no era solo un blog: así nació mi empresa, llamada Alba Institute.

Había creado mi estatus autoentrepreneur, un tipo de estatus legal, que me permitía facturar y, al mismo tiempo, cobrar mis derechos de paro, por los que había cotizado durante años. Tenía suficiente para arrancar y entregarme de lleno a mi práctica. Una práctica de coaching que no fue rentable, sino hasta dos años más tarde, justo cuando se me terminó el paro.

¿Fue el plan perfecto?

Así parece, pero claro, ¡solo después de que pasa y que te cuento la historia!

Yo solo sé que tuve pensamiento estratégico lo más posible, que pensé a largo plazo y actué en coherencia con lo que fue ocurriendo.

Confié en las sincronicidades.

Todo lo demás se fue dando, gracias a la visión, a la acción con intención y a la confianza en el proceso de manifestación.

Hack Mental:

Crea confianza en ti y en el universo con esta afirmación:

"Cuando mi objetivo está claro, el "cómo" aparece. Confío en mi criterio y en el universo, las cosas se mueven a mi favor".

Capítulo 12: Manos a la obra

¡Comunicar para ganar!

Bueno, aquí vamos, llegando a la recta final.

No sé tú, pero yo estoy emocionada. Me emociona pensar que estás leyendo esto, que estás en este punto y que ya te está picando esa abejita del cambio, que una vez que se activa no te deja, porque ya sabes que hay mucho más de lo que tienes y conoces hoy.

Eso sí, una vez que ya sabes que hay muchos sitios para ti en el mercado laboral, no hay necesidad de esperar ni conformarse más. Es hora de tomar acción. Tu transición profesional ya no es un proyecto, en este punto es un hecho. Ya sabes cuál es tu valor, cuáles son tus mejores habilidades y qué ofrecer en el mercado, ahora queda comunicar todo eso.

¡En este paso vamos a juntar todo en tus herramientas de marketing y vamos a comunicar para ganar!

Pero ¿cuáles son tus herramientas de marketing? Todo lo que te sirva para darte a conocer, darte visibilidad y luego venderte. Sí. ¡Es hora de venderte! Porque estás vendiendo lo que mejor sabes hacer, lo que te inspira y tu valor para el mercado.

Si estás buscando un nuevo trabajo, ahora que tu proyecto está claro, podrás actualizar tu CV (Currículo Vitae y tu LinkedIn, escribir una carta de presentación adecuada y convincente, y preparar tus entrevistas.

Claro, ¿no? Los pasos clásicos de una búsqueda de empleo.

Pero comunicar para ganar va más allá de eso, también hay que incluir un buen plan de networking, con un mensaje que te haga destacar. Si estás en reconversión profesional, la idea es comunicar bien tu transición y aplicar correctamente a las escuelas donde te vas a formar.

Si quieres crear tu propia empresa o lanzarte como independiente, ahora que tienes clara tu estrategia de posicionamiento en el mercado, ¡estás listo para crear tu blog, tu sitio web, tus redes sociales y prepararte para lanzar tu idea! Esta también es la comunicación clásica de todo negocio. Comunicar para ganar incluye saber darte a conocer con un porqué, con un mensaje que conecte con los demás y que proponga una solución a un público claro.

De cualquier manera, como lo puedes ver, independientemente de cuál sea tu proyecto de reinvención profesional, lo importante es definir tu marca personal y comunicar correctamente tu estrategia de posicionamiento: a quién sirves y cuál es tu contribución.

Entonces, cuidado con esto, ¡no ser coherente con sus herramientas de marketing enviará un mensaje equivocado a tu audiencia!

Al contrario, cuando tienes claro tu proyecto y esta claridad se refleja en tus herramientas de marketing, puedes:

- Responder exactamente a una oferta específica de empleo, no importa si es en tu área y estás evolucionando o si estás cambiando radicalmente de profesión.

- Enviar un mensaje claro sobre el valor que estás agregando, porque ya estás programado para siempre, siempre agregar valor, y eso lo vas a comunicar.

- Atraer a reclutadores, socios potenciales, clientes y otros recursos. Porque tu mensaje va a hablarles directamente a ellos.

- Sentirte seguro de tu proyecto y del rumbo de tu carrera, y, mientras más lo comuniques, más seguridad te va a dar.

- Encontrar mucho más rápido lo que buscas (trabajo, contacto, clientes, etc.), porque con tu propia comunicación te programas mentalmente para lo que buscas, no te desvías, ni agarras atajos. Recuerda que como te hablas te programas y así actúas.

Hemos llegado a este punto en el que el tiempo para reflexionar comienza a pasar a ser tiempo para actuar, tiempo para producir algo, tiempo para que los demás sepan sobre ti y lo que haces. Es ese el momento de preparar tus herramientas de marketing.

Una cosa que les digo a mis clientes es que un CV, una carta de presentación, tu perfil de LinkedIn y cualquier otra cosa que consideres una herramienta para comunicar, es simplemente eso: una herramienta de comunicación. Pero tú eliges lo que quieres comunicar.

Por ejemplo, un error muy común es creer que un CV es un documento que simplemente contiene tu historial profesional en orden cronológico.

La mayoría de las personas se preocupan demasiado por su CV, y toman decisiones profesionales basándose en ese CV y en su buena apariencia.

¡Esto está muy mal!

Por favor, no tomes decisiones pensando en tu CV, toma decisiones pensando en ti y en lo que te llenará. Un CV cuenta la historia que deseas contar, muestra las habilidades que deseas que los reclutadores conozcan, que sean coherentes y alineadas con una descripción de trabajo específica.

Esto significa que tu CV es dinámico, cambiará según lo que quieras comunicar. El mismo principio se aplica a todas las herramientas de comunicación, y lo bueno de esto es que tú eres el diseñador de tus herramientas de marketing, tú eliges tu propio mensaje.

¿Quedó claro?

¿Mi comunicación fue correcta?

Por si acaso, lo resumo: comunicar para ganar es diseñar tu propia comunicación en función de tu valor agregado y tu audiencia, respondiendo a una problemática a través de diferentes herramientas de marketing.

¡Vamos a ponernos con esto entonces!

¡Háblame de ti!

Piensa en todos los momentos en los que has interactuado con otros, en cualquier contexto, a cualquier edad. En algún momento sale la pregunta: ¿Y tú que haces? Esto es lo más natural del mundo: es lo que hacemos como seres humanos, nos interesamos en el otro, conectamos. Y todo se hace con preguntas simples que, cuando nos las ponen en el contexto laboral, entramos en pánico.

Pero ¿por qué?

Porque nos concentramos en el contexto de observación, evaluación y comparación, nos enfocamos en lo que el otro puede estar esperando de mí y en lo que debería ser la respuesta correcta. Nos dejamos llevar por el marco laboral, y olvidamos la parte humana. Es por esta razón que aquí te estás programando para hacer otra cosa, para ir directamente a lo que vienes preparando desde el principio: tu autenticidad, tu valor agregado, tus mejores habilidades y a qué necesidad del mundo respondes.

Hay muchos contextos y herramientas para hablar de ti. Si estás creando tu propia empresa o lanzándote como independiente con tu práctica o productos, las herramientas de marketing 1 a 3 no son relevantes para ti, así que ve directamente a la 4.

1. CV/Hoja de vida/Resume.

No es mi herramienta de marketing favorita, lo tengo que decir. Pero qué importa lo que yo piense respecto a esto, esta es la herramienta de marketing que pide la mayoría de las empresas y se usa en todos los países. Así que hay que saber hacerla bien y ser estratégico. Hay muchos tipos de CV o currículo. Pero quiero compartir contigo brevemente las mejores prácticas generales para comunicar exactamente lo que deseas.

Lo primero que debes tener en cuenta es que el CV cambia según los requisitos del país. Algunas empresas u organizaciones internacionales también tienen sus propios formatos de CV. Así que toma esto en cuenta para luego crear tu contenido en función de lo que sea relevante para el puesto de trabajo. ¡Mucha atención a esto último!

A continuación, te dejo una lista de cosas en las que pensar para poder preparar un buen CV:

¿Dónde vives/dónde te gustaría presentar tu solicitud? Busca las especificaciones de ese país y las mejores prácticas/requisitos específicos del CV. Existen requisitos específicos como, por ejemplo, en China es obligatorio escribir tu "estado civil", en India las "calificaciones/GPA" son obligatorios, etc. ¿Hay algo que no sea legal/ético publicar? Por ejemplo, en EE. UU. es ilegal escribir tu nacionalidad, género, fecha de nacimiento, fotografía o cualquier cosa que pueda usarse para discriminar a los candidatos.

¿La empresa/organización para la que está solicitando tiene una plantilla específica? ¿La tienes?

Estructura y contenido: ¿Está bien estructurado y es fácil de leer? ¿Has utilizado secciones y títulos para encontrar fácilmente la información? ¿Tiene la misma fuente, máximo dos tamaños? ¿Has revisado errores gramaticales? ¿Tienes una sección de perfil profesional? ¿Tienes las experiencias, formación, competencias, y pasatiempos?

Optimización: ¿Has utilizado palabras clave y has adaptado el contenido para responder específicamente a ese trabajo?

Un buen CV es aquel que se adapta al puesto de trabajo y que contiene las palabras clave necesarias en ese puesto de trabajo concreto. Tendrás éxito en tu búsqueda de empleo siempre que comuniques lo que están buscando. Hazlo relevante y alineado con el puesto de trabajo.

Recuerda que el primer filtro en las empresas no siempre es una persona. La mayoría de las veces es un sistema de información (ATS) que primero filtrará tu CV, comparará las palabras claves de la descripción del puesto con tu CV, y luego, si coincide, te preseleccionará. Así que sé estratégico.

2. Carta de presentación (y otros):

Tampoco es mi favorita, y no le veo mucho valor agregado, menos aún en estos tiempos en los que hay tantas herramientas que permiten conocer mucho mejor al candidato. Pero nuevamente, es mejor estar preparados para todo. ¿Cierto?

Una carta de presentación, también llamada de motivación, es otra herramienta de marketing, cuyo objetivo es expresar la motivación por el puesto de trabajo, así como destacar algunas de las mejores habilidades que tiene el candidato para el mismo.

No es necesariamente obligatorio en todos los países ni en todas las empresas. De hecho, yo no supe lo que era una carta de presentación hasta que llegué a Europa. En Latinoamérica, por ejemplo, no se usa.

Pero es fundamental comprender lo importante que puede ser en algunos casos y, además, si realmente es necesario, hay que asegurarse de hacerla bien.

En términos generales, una carta de motivación debe responder a 3 preguntas:

1. ¿Por qué harías este trabajo? Se trata de tu motivación, de lo que te inspira a hacer este trabajo. Puedes encontrar los elementos para responder esta pregunta en la primera parte de este libro. Vuelve con tus motores, a tu porqué y a tus valores, y sabrás exactamente qué decir.

2. ¿Qué puedes hacer por nosotros? Se trata de tus habilidades, qué puedes hacer exactamente con tus habilidades, cualidades, experiencias y cómo las aplicarás específicamente a este trabajo. Ya lo tienes en la segunda parte del libro. Vuelve a tu kit de herramientas para extraer las habilidades que sean más relevantes para este puesto, lo que ellos necesitan leer. Recuerda, comunicación estratégica.

3. ¿Cómo puedes contribuir a nuestro desarrollo? Se trata de comprender exactamente lo que necesitan y decirles cómo puede brindarles una solución y contribuir con ellos. Quieren tener la seguridad de que eres la mejor persona para ayudarlos a lograr sus objetivos. Si entiendes exactamente de qué va la oferta, vas a saber exactamente qué responder.

Como ves, ya tienes todo lo que necesitas, solo hace falta juntarlo en una carta. Pero mira algo, estas tres preguntas son superinteresantes, ¿te das cuenta de que esto no solo sirve para una carta de motivación? También puedes usarlo cuando te hagan preguntas en el formulario a aplicación, en alguna videollamada de preselección, o en alguna entrevista de video pregrabada. No importa cuál sea la herramienta que usen las empresas para conocerte mejor, recuerda siempre estas 3 preguntas, ¡y te irá bien!

Otra, cuando hables de ti mismo, no te límites a repetir lo que ya está en el CV, hazlo relevante para el puesto de trabajo. Cuéntales sobre las habilidades que necesitan escuchar y que son necesarias para el trabajo, a través de anécdotas.

Hace unos años tuve un estudiante en uno de mis seminarios de talento. Era una niña brillante, cuyos padres habían sido expatriados varias veces y, por eso, naturalmente, sus experiencias multiculturales y su capacidad para hablar idiomas eran extraordinariamente notables.

Estaba buscando trabajo en marketing digital para una empresa local en Francia. Los requisitos más relevantes para este puesto eran: hablar francés con fluidez y tener experiencia previa en estrategias de marketing digital. Sin embargo, su carta de motivación trataba de sus experiencias en diferentes países y de los 5 idiomas que hablaba.

Creo que todos podemos estar de acuerdo en que hablar 5 idiomas es muy destacable y definitivamente un valor agregado, pero eso no es lo que necesitaban leer. Necesitaban: francés fluido + marketing digital.

Todos tenemos habilidades, cualidades, historias de vida y muchas cosas que son muy valiosas. Solo asegúrate de escribir lo que realmente piden. Tu comunicación será eficiente solo si eres estratégico.

3. Entrevistas de reclutamiento

Cada oportunidad que tenemos de hablar de nuestro perfil es considerada una herramienta de marketing. El proceso de entrevista es exactamente eso, un momento en el que te encuentras con reclutadores para contarles tus habilidades y cómo contribuyes a su desarrollo.

Sin embargo, una entrevista es uno de los momentos más estresantes por los que pasan las personas cuando están en el proceso de encontrar trabajo. Y es porque aquí se hace más presente esa sensación de estar observados, evaluados y comparados con otros candidatos. ¿En qué se diferencia eso de enviar tu CV, carta de presentación o tener tu perfil de LinkedIn disponible? En nada, se trata de lo mismo.

Entonces, nuevamente, a dominar nuestra mente y poner el estrés innecesario a un lado.

Con tu perfil, debes saber que la entrevista es solo un momento en el que se te ha dado la oportunidad de decirles lo emocionado que estás de poder hacer match con ellos. ¡Eso es todo!

El secreto para que te vaya bien en una entrevista está en confiar en el propio proceso de orientación y posicionamiento en la búsqueda de empleo. Si sabes que este es el trabajo adecuado para ti y que respondes a lo que necesitan, entonces la entrevista es simplemente un trámite. ¡Métete esto en la cabeza!

Hay dos cosas que te ayudarán en esta programación mental y, por supuesto, a triunfar en las entrevistas:

Prepárate, prepárate y prepárate: Tener que improvisar y no saber responder a determinadas preguntas es lo que provoca la mayor parte del estrés y los bloqueos mentales. Cuanta más información tengas sobre la empresa y el proceso de contratación, cuanto más prepares tus preguntas y te capacites, más éxito tendrás. ¡La preparación es verdaderamente la clave del éxito!

Sé la persona adecuada para el puesto: La entrevista es un momento en el que todos se reúnen para confirmar que eres la persona adecuada para el puesto. Esto va en ambos sentidos: ellos confirman que tú eres el candidato adecuado y tú confirmas que este es el trabajo adecuado para ti. Por eso, cada vez que tengas la oportunidad, asegúrale al reclutador que tienes las habilidades que necesita, las cualidades y la personalidad que hacen una buena combinación y la motivación para dar lo mejor que tienes.

Sigue estos pasos cuando estés en proceso de entrevistas de reclutamiento:

- Comprende el proceso de contratación en la empresa: Pregunta cuantas entrevistas vas a tener, a quienes vas a conocer, si tendrás pruebas técnicas o no. Mientras más sepas del proceso, mejor.

- Prepara las entrevistas: Estructura tu discurso para aumentar la confianza en ti mismo durante la entrevista, tal y como lo hemos hablado. Anticipa las preguntas típicas y las que pueden ser especificas al puesto.

- Practica y visualiza: Toma la información que tienes hasta ahora y practica la visualización. Para hacer esto, simplemente puedes imaginar las diferentes entrevistas que tendrás (con RR.HH., el superior directo, el equipo, etc.). Intenta hacerte una idea completa de cómo se desarrollará la entrevista, imagina a las personas, las preguntas, el entorno y tu postura.

• Haz seguimiento, evalúa, corrige y repite: Cuanto más practiques, mejor lo harás. Incluso si la primera entrevista no te lleva a nada con la empresa, no significa que no puedas sacar de ella el resultado del aprendizaje. Úsalo para prepararte mejor para otras entrevistas y toma lo mejor de cada una para que lo repitas como mejor práctica.

Y ya, una última idea sobre comunicar para ganar en la búsqueda de empleo. Integra en tu mensaje que estás buscando una relación ganar-ganar.

Cuando buscamos trabajo, normalmente nos sentimos en una posición de sumisión. Creemos que las empresas tienen todo el poder de decisión y negociación, solo porque son ellas las que nos seleccionan y evalúan.

Algo que aprendí cuando trabajé con reclutadores y gerentes de carrera es que no importa cuán grande sea la empresa, no importa cuántas personas quieran trabajar allí y no importa cuán importantes sean, tienen dificultades para encontrar talentos. Reclutar a alguien implica asumir la responsabilidad de elegir a la persona adecuada, cuesta dinero, tiempo y uso de muchos recursos. Cometer un error puede salir muy "caro" para la empresa.

Entonces no, no estamos en una posición inferior, estamos en la misma posición y buscamos recordarles que aquí vamos a ganar todos. Tú no buscas empleo para beneficiarte solo a ti, sino para poner lo mejor de ti y de tu talento al servicio de esa empresa.

4. Promocionar tu producto o servicio o tu práctica

Para mis queridos emprendedores, aquí entramos en un mundo aparte de herramientas de marketing, que, si soy honesta, son objeto de otro libro entero. Imposible cubrir todo esto aquí. Sin embargo, por supuesto que no te voy a dejar guindando. Mi intención en esta sección no es brindarte un plan de marketing completo, eso lo podemos hacer en coaching uno a uno, pero sí quiero ayudarte a conocer los diferentes canales que puedes utilizar para comunicar tu actividad o tu producto o servicio.

Cuando eres independiente tienes que acostumbrarte a desarrollar y comunicar tu marca personal, mientras que, cuando tienes una empresa, debes desarrollar y comunicar la marca de la empresa, pero también promocionar los diferentes productos o servicios que ofrezcas. Así que el canal y la comunicación va a diferir en función de tu oferta y de tu cliente.

Aquí te dejo una lista de las cosas en las que puedes pensar para ir definiendo alguno de estos elementos:

- ¿Qué haces (producto/servicio/práctica)?
- ¿Cuál es tu mercado objetivo (a quién le vendes)?
- ¿Cuál es tu mensaje (qué necesitan escuchar/leer para interesarse en tu producto/servicio)?

• ¿Cuál es tu canal de comunicación preferido/más conveniente? Blogs/Sitios web, Marketing por correo electrónico, Grupos de Facebook, Grupos de LinkedIn, Foros y comunidades, Anuncios de Facebook/Instagram, Canal de YouTube/marketing de vídeo, TikTok, otros?

• ¿Cómo vas a desarrollar tu comunicación? ¿Necesitas a un experto o lo haces tú solo?

En mi experiencia como emprendedora, te cuento que el tema de la comunicación es bien delicado. Aquí más que nunca la claridad de tu posicionamiento, de tu servicio y de la solución que ofreces a una audiencia especifica juegan un papel primordial.

Yo he tenido blogs, he escrito boletines, he creado página web, he estado presente más que todo en LinkedIn, dada mi audiencia; sin embargo, ahora estoy expandiendo a otras redes, como Instagram y Youtube, y canal de podcast. Tengo separadas mi marca personal y la marca de la empresa. Son cosas que van creciendo en paralelo, pero que ya no son exactamente lo mismo. Con lo cual la comunicación ha cambiado.

No siempre es claro y, con seguridad, no es simple. Te recomiendo que te apoyes en un coach o mentor de negocios, en expertos en comunicación en los diferentes canales, y que no escatimes en estrategias y acciones de marketing y publicidad.

Luego de la pandemia, el mundo cambió mucho, sobre todo, a nivel de comunicación en internet. Casi toda la comunicación pasa hoy por las diferentes plataformas en línea; tengas o no negocio en línea, aun si tienes un negocio local, la gente te va a encontrar en internet. Esto es la realidad y hay que ajustarse. Eso si quieres escalar. Si estás pensando más pequeño o local, entonces apaláncate del boca a boca.

Aun si la presencia online se espera "por defecto", no la subestimes ni la dejes para muy tarde. Esta es una recomendación que te doy más a nivel personal: yo nunca le di la importancia debida a la presencia en línea, hasta que me di cuenta de que iba detrás de muchos. Nunca es tarde, pero mejor empezar temprano.

Esto es comunicar para ganar, yo sigo aprendiendo y adaptándome, ¡esto también es comunicar para ganar!

Reflexiona:

Recuerda lo que has averiguado sobre el mercado y la evaluación que has hecho sobre tu perfil.

¿Qué estrategia de comunicación puedo poner en práctica para conseguir mi objetivo profesional?

¿Qué palabras clave son necesarias en mis herramientas de comunicación?

Conecta y corre la voz

Esta es, con diferencia, la herramienta de marketing más eficaz que jamás haya visto: ya sea que estés buscando trabajo, haciendo una reconversión profesional o desarrollando tu propio negocio, el networking es lo que te llevará a las mejores oportunidades del mercado. Ya lo hemos hablado en el capítulo 14. Pero aquí estamos para tomar acción, ¿cierto?

Las estrategias y acciones de networking son muchas y es también otro tema para otro libro, e incluso para algún programa de formación que cree en el futuro. Así que, para el propósito de este libro, que es dejarte esa hoja ruta de cómo reinventarte, te dejo aquí los pasos a seguir para hacer un buen plan de networking:

• Identifica a las personas de tu red (1º a 2º nivel) que pueden ayudarte en tu objetivo profesional. ¿A quiénes conoces que pueden impulsarte? Esta es la pregunta que tienes que hacerte en este nivel.

• Realiza una investigación sobre tu mercado objetivo e identifica a los actores relevantes en el área (3er nivel). La pregunta aquí es ¿A quiénes no conoces, pero puedes contactar para ayudarte a expandir tu mensaje o conocimiento del mercado?

• Identifica algunos eventos de networking en tu zona y en tu área y, por supuesto, ve a algunos.

• Prepara tu pitch: Los beneficios de lo que haces, habla sobre tus mejores habilidades y cómo puedes agregar valor, comparte tu objetivo o tu visión y siempre haz un llamado a la acción (¿qué quieres que hagan después? ¿Cómo se mantienen en contacto?)

• Prepara un correo electrónico que enviarás a tus contactos e invítalos a tomar un café o a hablar por teléfono. Y aprovecha esos momentos para aprender lo más posible del mercado.

Ya te lo he contado, con mis historias y con historias de clientes. Sigue estos pasos y estarás listo para crear oportunidades increíbles en tu carrera. No me lo creas, experiméntalo tú mismo.

Solo me queda una última cosa que agregar, se trata de la regla de oro del networking: Nunca pidas trabajo o nunca vendas en la primera reunión, solo pide información y comparte tu experiencia.

Las mejores cosas suceden cuando ponemos nuestra intención y amor en lo que hacemos, cuando damos primero, no cuando tomamos primero. "El secreto de la vida es dar", dice Tonny Robbins. ¡Este principio no se puede aplicar mejor a la creación de redes!

Lo que he llegado a entender en mi experiencia desde que me lancé como coach es que todo lo que das eventualmente regresará a ti. Muestra interés en la otra persona, privilegia el largo plazo sobre el corto plazo y siempre aporta valor. Ya ves que te lo digo siempre, e insisto en este mensaje.

Esta es la clave para que el networking funcione para ti también.

Hack Mental:

Programa tu mente para crear más y crecer más.

"Doy primero. Mientras más doy, más recibo".

Parte 4: Es posible y tú también puedes

"Algunos cambios parecen negativos en la superficie, pero pronto te darás cuenta de que se está creando espacio en tu vida para que emerja algo nuevo." — Eckhart Tolle.

"Todo lo que deseas está al otro lado del miedo." — Jack Canfield

"Cuanto más te veas como lo que deseas ser, y actúes como si lo que quieres ya estuviera ahí, más activarás esas fuerzas dormidas que colaborarán para transformar tu sueño en realidad." — Wayne W. Dyer.

Me queda claro, el miedo aparece cuando las cosas no salen como a veces lo espero, pero mi intención es más fuerte, y sigo.

Entonces, seguimos.

Capítulo 13: Un sueño hecho proyecto, un proyecto hecho realidad

El poder de la intención

Para algunas personas, hacer un plan de carrera y seguirlo es bastante fácil. Para otros, definir un plan de acción y realmente seguirlo es muy difícil. Todos somos diferentes, de cualquier manera, tener un plan de carrera no es garantía y no tenerlo no es un impedimento para tener éxito en tu transición de carrera.

La clave del éxito no está en tener el plan de carrera perfecto o en anticiparnos a tantos obstáculos y estrategias como podamos. A decir verdad, tener éxito en la transición de tu carrera ni siquiera se trata de seguir un plan de acción paso a paso.

Si realmente deseas construir una carrera que te inspire y tener éxito en tu transición, tienes que saber que la clave de todo es: ¡la intención! Es la intención lo que hace que un sueño se vuelva un proyecto realizable.

Intención de aportar, de crear, de ser auténtico, de estar al servicio, de cambiar. Es la intención que pones en tus acciones lo que hará que las cosas funcionen para ti.

Muchos de mis clientes me comentan que, en sus planes de carrera, hay muchas cosas que no pueden controlar, que no dependen de ellos. Pues es cierto que hay elementos externos a nosotros y otros que dependen directamente de nosotros. Pero el mundo no está hecho solo de lo que podemos ver y tocar. El universo en el que vivimos es mucho más profundo que eso y es una tontería pensar de otra manera.

Hay un orden implícito en el universo que el ojo humano no puede ver, pero podemos confiar en él. Llámalo, Dios, suerte, coincidencia o cualquier otro nombre. Las sincronicidades que ocurren cuando nuestras acciones están alineadas con nuestra mente van más allá de lo tangible.

Entonces, sí, hay cosas que escapan a nuestro control consciente, pero podemos controlar nuestra intención.

Es la intención la que crea la energía en la que vibras, es la intención la que produce la emoción que luego proyectas, es la intención que pones detrás de cada acción que liberará al universo la información necesaria para que las cosas sucedan. para ti.

No hace falta ser experto en leyes del universo ni tener conocimientos de física cuántica para poder simplemente confiar. Actúa siempre con intención, luego confía en que las cosas se arreglarán a tu favor, luego prepárate para recibir y agradecer.

La reinvención profesional, que pase por búsqueda de empleo, por un proyecto de emprendimiento, por un cambio radical de carrera o por una estrategia de diversificación de ingresos, todo es muy mental. Y el poder de la intención es lo que más pesa en cualquier parte del proceso. Tener tu psicología en control y tu mente alineada a tu objetivo. Todo lo demás se va creando cada día, con cada acción, evaluación y corrección.

¡Es así como un proyecto viable se vuelve una realidad!

Esta vez no quiero contarte cómo lo he hecho yo: te lo cuentan mis clientes a través de sus historias, dónde fue con una intención clara y fuerte que hicieron de sus sueños un proyecto, y de esos proyectos una realidad.

Sean: Sistemas de información, hipnosis, insectos y algo más.

Sean y yo nos conocimos cuando estábamos en el mundo de consultoría de organización y sistemas de información. Trabajábamos para el mismo cliente, pero en proyectos diferentes. Siempre me pareció que era muy talentoso. Todo lo que producía lo hacía con calidad, creatividad y eficiencia. Sin embargo, nuestro jefe no pensaba igual que yo. Por alguna razón, él pensaba que el perfil de Sean no encajaba en el entorno de la consultoría y no le validó el período de prueba. "Grave error", pensé.

Ahora, viéndolo todo en perspectiva, entiendo que fue lo mejor que le pudo haber pasado a Sean; para nuestro jefe, en efecto, fue una perdida invaluable. Sean rápidamente se reposicionó en otra empresa de consultoría que, sin saberlo, se convertiría en la puerta de su expansión profesional.

Yo también me fui de la consultora y me lancé como coach independiente. Sean y yo siempre nos mantuvimos en contacto. Cuando le comenté lo que estaba haciendo, me dijo que él se estaba metiendo en el mundo de la hipnosis y que el tema del desarrollo personal lo estaba moviendo mucho. Así que me pidió una sesión de coaching para ver cómo podía definir un proyecto profesional que combinara sus intereses.

Yo no lo sabía en ese momento, pero Sean es claramente un perfil multipotencial. Él se desenvuelve muy bien en entornos distintos, se adapta muy bien, hace actividades diferentes y se le dan bien, y, si le pone la intención correcta, llega a unos niveles muy elevados de potencial, cuando tiene varias actividades en su portafolio de carrera.

Sean tenía un objetivo financiero claro, un sueño de vida que parecía de cuentos de hadas, y tenía claro que quería viajar y recorrer el mundo. La ambición nunca fue un problema para él, y afortunadamente siempre ha tenido una mentalidad abierta, fuerte y extremadamente constructiva. Sean manifiesta su realidad a una velocidad increíble, gracias a su fortaleza mental y su determinación. Él usa, sin duda, el poder de la intención.

Recuerdo que en esas sesiones de coaching nos enfocamos en su portafolio de carrera y definimos un plan profesional, en el que Sean podría apalancarse de su sueldo en consultoría y desarrollar en paralelo una aplicación, en la que ofrecería sesiones de hipnosis con el objetivo de acompañar a individuos en su desarrollo personal.

En ese momento, la empresa de consultoría donde trabajaba estaba en plena expansión internacional, así que era el momento para que Sean aprovechara para reposicionarse. Se nos ocurrió que lo mejor era volverse freelancer y ser un consultor externo de la empresa en la que trabajaba, de manera que lo pudieran mandar a él a los diferentes países donde querían implementar sus sistemas de información, todo esto a un costo inferior para la empresa, pero que representaba mejores ingresos para Sean. ¡Fue un plan excelente que le pagó con creces! Sean empezó en Albania, pasó por Grecia, India, México, Colombia, Estados Unidos, Brasil, y seguramente algún otro país más, pero ya le perdí la ruta.

Al principio, su plan estaba andando; sin embargo, la aplicación de las sesiones de hipnosis no terminaba de arrancar, requería mucho tiempo y Sean estaba a mil con las responsabilidades de la consultoría. En alguna sesión de coaching en la que hacíamos seguimiento al plan de carrera me comentó que ya no veía viable lo de la hipnosis, pero que pensaba que mejor le iba a dedicar tiempo y esfuerzo a la insectoría.

¿La insectoría? ¿Y qué era eso?

Pues resulta que Sean es un amante de los insectos, los colecta, los cría y los vende por internet. Tiene un vasto conocimiento de insectos y además de marketing digital, ¡te dije que era multipotencial! Con lo cual, su página de ventas era todo un éxito y estaba empezando a darle unos ingresos extra bastante importantes. Así que, aquí estaba la oportunidad para diversificar ingresos y seguir impulsando el objetivo financiero, mientras Sean recorría el mundo siendo consultor independiente.

Un año más tarde Sean me pide coaching de nuevo: esta vez quería duplicar sus ingresos, porque ya había logrado su objetivo financiero. La página de ventas de insectos se había convertido en un verdadero negocio, con un criadero de insectos ubicado en Francia y un equipo que llevaba las operaciones allí. Sean seguía facturándole a la empresa de consultoría, mientras seguía implementando sistemas de información a lo largo de Latinoamérica y aprendiendo español.

Pero algo lo frenaba.

Sus ambiciones y sus acciones iban a la par, pero le faltaba un impulso para realinearlo con su intención. Recuerdo que en una sesión de coaching hablábamos de su progreso, de todo lo que había avanzado, de lo mucho que había logrado, y le dije: te has convertido en todo un hombre de negocios, eres un hombre de negocios. Y ahí brillaron los ojos de Sean, le volvió la luz a la cara y al cuerpo, su intención volvió a hacerse presente. Y me dijo: "es eso!, era eso lo que me faltaba, no había visto que no solo soy Sean, el consultor que tiene una venta de insectos, soy un hombre de negocios."

El comportamiento, las competencias y los valores de Sean estaban alineados, pero la identidad todavía no estaba a la par. Hacía falta darle una nueva identidad con la que se sintiera auténtico y, gracias a esa nueva identidad, el hombre de negocios podría entonces darse cuenta de que sí podía duplicar sus ingresos.

Todo estaba en su mente, y con la intención correcta, Sean se ha convertido en una de las personas más exitosas que conozco, con una abundancia financiera, que refleja exactamente lo que es, un hombre de negocios.

Francoise: Renacer entre las cenizas de un burnout

Tuve la suerte de conocer a Francoise en la primera empresa para la que hice consultoría de transición profesional (Outplacement) en París. Fue una de mis primeras clientes en este marco tan particular.

Te cuento un poco cómo funciona.

En Francia, una empresa que cumple con ciertos requisitos de tamaño y que por razones económicas requiere hacer recorte de personal, por ley está obligada a acompañar a las personas que salen despedidas. Esto es lo que se llama outplacement, que es lo mismo que acompañarlos en su transición y recolocación. Claro está que no todos quieren buscar trabajo, muchos quieren lanzar su propia empresa, otros quieren hacer una reconversión profesional y saben que quieren estudiar, y otros, como Francoise, no saben ni por dónde empezar.

Cuando Francoise llega a mi consulta, me cuenta que tenía un par de años de baja por enfermedad: había sufrido de un burnout (desgastamiento muy fuerte, que le dejó enfermades serias, que hacían su cuerpo cada día más débil. Cuando nos conocimos salía de un tratamiento bastante agresivo, no supe realmente que enfermedades había padecido, no entendía mucho las consecuencias de un burnout en ese entonces. El hecho es que logró superar sus enfermedades, pero su cuerpo seguía muy débil. Ella no sabía qué quería hacer, pero, si algo sabía, es que no volvería ni a sus funciones de marketing, ni al mundo corporativo que la había casi destruido.

En casos como el de Francoise, en los que no hay una dirección definida, siempre propongo hacer un análisis de competencias personales y profesionales. Esto da la oportunidad a la persona de reencontrarse con ella, reconocer sus competencias e identificarse con su perfil profesional. Te confieso que, siendo una de mis primeras clientes con caso de burnout, y en ese marco legal en el que a los consultores se nos exige encontrar una solución para nuestros clientes, yo no tenía muy claro en qué iba a terminar Francoise. Yo estaba tan confundida como ella. Así que, nada, seguimos con el análisis, vimos sus valores personales, preferencias, escala de prioridades, evaluación de personalidad y fortalezas.

¡Creo que utilizamos todas las herramientas que conocía en coaching de carrera en ese momento! Y, aun así, yo no lo veía claro. Pero ella sí estaba transformándose poco a poco. En la medida en que avanzábamos nuestras sesiones, me contaba sobre su período de baja y cómo el yoga y las terapias alternativas la habían ayudado tanto a superar el burnout y las enfermedades que emergieron con él. Le apasionaba el mundo de desarrollo personal y espiritual, y había desarrollado una sensibilidad especial al respecto.

Pero, claro, cuando tu cuerpo no responde, tus emociones te llevan al borde del abismo y no ves la salida, es en esos momentos cuando más nos enraizamos y reconectamos con nuestro ser. Y las prácticas como el yoga y la meditación se vuelven un refugio de sanación, y también de prevención. Y es aquí donde Francoise vio no solo la luz, sino el camino.

Cada sesión de coaching le permitió ir contándose su historia e ir atando todos esos puntos que revelan el propósito de vida. Entendió por qué tenía que haber trabajado en ambientes tan hostiles, con jefes tan duros, y con equipos tan difíciles, entendió por qué no parecía encontrar su lugar en un mundo corporativo tan rígido, y, sobre todo, entendió por qué, en su historia de vida, tenía que experimentar un burnout y enfermedades, que finalmente hoy le hablaban tan claro.

Francoise ató el hilo conductor de su historia, y en una sesión me dijo: "Ya sé lo que quiero ser, quiero ser un agente de cambio y ayudar a otros a prevenir lo que me paso a mí, ayudar a otros a conectarse con ellos mismos, para que el mundo de trabajo no los destruya antes de que sea muy tarde".

Me parecía increíble, y a la vez tan aterrizado; yo lo entendí perfectamente, y la veía muy claramente en ese rol. Se me desvaneció la confusión y en su lugar apareció una visión muy clara de Francoise renaciendo de las cenizas de un burnout, lista a traer luz a muchos otros.

Pero ¿cómo se hace esto?, y ¿cómo le explicamos esto a la empresa que está pagando su recolocación, y que espera que tenga un proyecto viable y monetizable? Parte de un plan de salida es estimar un presupuesto para personas que están en reconversión; recuerdo que esa empresa tenía un presupuesto bastante gordo para los que querían formarse y reconvertirse. Sin embargo, la mayoría de los proyectos de reconversión se trata de un diploma, o un certificado, luego de una formación larga. Y, para Francoise, convertirse en una agente de cambio significaba armarse de muchas herramientas, y no estábamos seguras de que la empresa aprobaría todas esas formaciones holísticas "poco capitalizables" en el mercado laboral tradicional.

Yo solo sé que estaba tan determinada a ayudar a Francoise en su proyecto que monté un dossier tan completo y convincente, con cifras, estimaciones, proyecciones en el mercado de cada una de las formaciones que la empresa no pudiera negar. Pedimos que le aprobaran 10 formaciones, entre ellas: instructor de yoga, cuencos tibetanos, yoga restaurativo, introducción al yoga Yin, kundalini y ayurvédica, y ya ni me acuerdo de las demás. Yo esperaba que le aprobaran al menos aquellas que eran más largas, y le daban un certificado al final. Pero no, lo que pasó fue mejor aún: ¡le aprobaron todas!

Francoise no podía con la emoción. No se lo creía. A partir de ahí arrancó un camino, no de reinvención, sino de transformación pura. Hoy, Francoise es agente de cambio y ofrece unos talleres espectaculares. Y, paradójicamente, no aplica las herramientas en las que se formó en ese momento, sino que en su camino encontró el "breathwork", con lo que se identificó claramente, y ahora está ayudando a prevenir burnouts y cambiando vidas a través de la respiración consciente.

Si hablas francés, ¿quieres conectarte con tu respiración y descubrir prácticas que elevan tu conciencia?

Pues, te invito a que sigas a Françoise en Instagram https://www.instagram.com/fanfan_happyconnections/ y que veas sus servicios aquí: https://fanfan-happyconnections.com/

Amandine: naturalmente mánager

La empresa donde trabajaba Amandine estaba cerrando definitivamente, y su puesto iba a desaparecer en los próximos 3 meses. Ella había trabajado ahí cerca de 2 años, era jovencita, unos 28 años, tenía poca experiencia y siempre trabajó como operadora de servicio al cliente y tratamiento de tickets, pero ella quería mucho más.

La empresa en la que trabajaba ofrecía pagarle una formación, pero el presupuesto estaba bastante modesto, y solo podíamos tener tres sesiones para preparar su proyecto profesional, porque nuevamente el cierre estaba a la vuelta de la esquina. ¡Fue un proyecto flash! En la primera sesión de asesoría, Amandine me dijo que ella quería conseguir un trabajo como mánager, pero que todos los puestos que veía pedían al menos 10 años de experiencia en manejo de equipos, y que era imposible.

En esa sesión me dediqué a preguntarle sobre su experiencia profesional, académica e incluso personal; por supuesto no podía contarme absolutamente toda su historia, pero mi intención era que me contara historias en las que ella, sin tener un título de trabajo oficial, había mostrado características y comportamiento de un mánager. Le pregunté muchas cosas para entender por qué ser mánager era tan importante para ella. Y la verdad es que rápidamente la vi como gerente, la vi manejando equipos, quizá no equipos grandes, pero sí la veía muy cómoda manejando un equipo pequeño, mientras crecía en ese rol.

El problema era convencerla de que podría convencer a las empresas de que, sin tener 10 años de experiencia, podía manejar un equipo y hacerlo muy bien. ¡Qué reto! Era un movimiento arriesgado. Y todo era mental, aquí nuevamente jugaba el poder de la intención.

Me quedaban solo dos sesiones con ella y podía simplemente decirle que postulara a otros puestos en servicio al cliente, pero me sentiría tan mediocre viendo ese diamante que había que pulir e impulsar, que no pude irme por la opción fácil. Así que me atreví a proponerle que hiciera un ejercicio: le dije que dibujara un avatar del mánager ideal según ella, y que se imaginara que ella ya era ese mánager. Le dije que buscara una descripción de un puesto de jefe de equipos de esos a los que no se atrevía a aplicar, y que imaginara cómo sería ya estar contratada en ese puesto. Le pedí que por ahora solo se concentrara en ese ejercicio mental y emocional, y que olvidara la factibilidad de la idea.

Para agilizar el proceso, le dije que, luego de hacer el ejercicio varias veces y confirmar con su mente, su cuerpo y sus emociones, si estaba cómoda, convencida y determinada en que ese era su próximo paso, buscara una formación corta de gerencia, que tuviera exactamente las competencias que ella consideraba que podía reforzar para sobresalir.

Nos quedaba solo una sesión para encontrar la solución de recolocación de Amandine. Cada semana se iba gente del equipo, cada uno con su proyecto profesional factible. Muchos habían conseguido trabajo en puestos similares en servicio al cliente. Otros habían optado por una reconversión profesional larga. El hecho es que el tiempo se acababa y la presión subía. Me esperaba que Amandine viniera para decirme que cambió de opinión y que buscaría trabajo en servicio al cliente.

Pero no fue así.

Amandine vino a mi sesión con al menos 3 posibilidades de formación, y transformada con el ejercicio. Para ella, volver a tratar tickets y responder a clientes por teléfono ya no era una opción. Aplicar y ser contratada como mánager de un equipo no era negociable. Y aun si saber exactamente cómo, me dijo: "Ahora sé que sí puedo aplicar y que sí puedo lograrlo"

Ahí estaba brillando a todo esplendor el poder de la intención. Amandine tenía su mente clara y determinada. En esa sesión terminamos el dosier administrativo para anunciar su proyecto de búsqueda de empleo, y solicitar la formación de adaptación que la impulsaría en su meta.

Mi misión como consultora de transición profesional era no solo preparar su salida, sino también acompañarla 6 meses durante su transición. Así que, en esta segunda fase, aunque ya no teníamos límite de citas, Amandine apenas me solicitó. Y creo que hasta puedo contar las veces que la vi.

La primera fue para decirme que empezaba su formación y estaba muy emocionada. Ahí aprovechamos para hacer su CV para que pudiera empezar a postular cuanto antes. La segunda vez que la vi fue cuando terminó su formación y había ya activado su red para ubicar oportunidades en el mercado. Pasaron algunas semanas, y me contactó una tercera vez para decirme que ¡tenía una entrevista para un puesto de mánager! Era en una empresa pequeña, que buscaba hacer crecer un equipo de 4 personas, ideal para arrancar en ese rol. Así que preparamos sus respuestas y estrategias, porque su mente seguía clara y sólida. Tenía algo de miedo, pero era casi imperceptible.

El día de su entrevista recibí un mensaje de emoción y esperanza. Una esperanza que se extendió una semana, cuando supimos el resultado final. Amandine tenía una oferta para ser la nueva mánager de ese equipo que tanto la necesitaba. La última vez que la vi fue para agradecerme por el trabajo que hicimos juntas. La realidad es que fue su intención la que movió la energía, ella movió las piezas que hicieron posible lo imposible.

Fue su intención lo que hizo que su sueño se hiciera rápidamente un proyecto, y ese proyecto se convirtiera en realidad.

Jorge Alejandro, liderando otros sistemas.

Jorge Alejandro y yo contactamos por LinkedIn, gracias a un anuncio en el que yo promovía las clases de inglés que ofrece mi empresa. Jorge es director de sistemas de información en una empresa de tecnología, viaja mucho y lleva proyectos internacionales. Naturalmente se sintió atraído a la idea de mejorar su inglés con clases de Business English. Pero no fue por eso por lo que Jorge respondió a mi anuncio: él conectó con una parte de mi mensaje que decía: "vamos a darle un boost (impulso) a tu carrera"

Cuando hablamos, me contó lo mucho que quería cambiar de trabajo. Tenía más de 12 años en la misma empresa y, aunque había crecido mucho ahí, ya no se sentía alineado con la cultura, los procesos, los estándares, ni con nada de lo que la empresa se había convertido. Tenía también muchos miedos, estaba cerca de cumplir 50 años y convencido de que conseguir un puesto similar en España era muy difícil (creencias limitantes que vienen de la consciencia colectiva), también temía que no podría cambiarse de sector, dada su larga experiencia. Así que le propuse que iniciáramos un coaching de transición profesional.

Jorge y yo trabajamos, como ya debes imaginarte, sus valores personales, sus competencias, análisis de mercado, posibilidades de empleo y también de crear otras fuentes de ingresos. La idea siempre fue crear posibilidades, expandir y tumbar las creencias limitantes que estaban rondando por ahí.

Lo curioso es que, mientras Jorge y yo trabajábamos un potencial proyecto de cambio de trabajo e incluso de reconversión profesional, Jorge siempre traía a las sesiones algún problema o alguna situación que estaba viviendo en su puesto actual. En su mente, todavía no se proyectaba, no soltaba, él estaba abriendo la mente, pero todavía no estaba en el objetivo.

Con el pasar del tiempo, fuimos dándole forma al proyecto de transición, pasamos por ofertas de empleo, hasta la idea de ofrecer algún producto, y un día me dice: "¡ya lo tengo, voy a proponerme como consultor SAP!" Era una gran idea, yo lo veía completamente metido en el rol. Tenía la experiencia, los contactos, y la motivación. El proyecto tenía solo un pequeño fallo, en su escala de valores personales, Jorge tenía un alto valor en la seguridad y una familia que dependía de él; ser freelancer le daba un poco de duda al respecto. Sin embargo, nunca, en los 8 meses que tenía trabajando con él, lo vi tan seguro de algo. ¡Ya se proyectaba! Estaba saliendo de su antigua realidad para crear una nueva.

Tomando en cuenta el nivel de decisión que tenía, empezamos a trabajar en el plan de acción: networking, definición de servicios, como arrancaría, en qué momento dejaría su trabajo, etc. Y en una de las sesiones Jorge me dice: "no sabría cómo manejar el momento de irme, me está costando soltar". Fue en ese momento cuando vi que Jorge estaba listo, estaba más en el otro proyecto que en su trabajo actual. Porque solo cuesta soltar, cuando estás soltando. Cuando entra la nostalgia, la culpa, la sensación de que estás abandonando. Y eso no ocurre hasta que realmente no "estás" mentalmente en otra cosa.

¡Esto es transformarse! Transformarse durante el trabajo de creación de posibilidades. Ahí Jorge dejó caer el miedo de su edad, del cambio de sector, incluso el de no tener la "seguridad" de un contrato a tiempo completo. Empezó a hacer networking, a activar su red para medir el mercado y comenzar a crearse visibilidad como consultor SAP, y, sin saberlo, lo que estaba haciendo era construyendo el camino a una propuesta laboral mucho más ecológica para él.

En una de sus reuniones de networking le propusieron no que fuera consultor, sino que fuera el nuevo director de sistemas de información de una empresa que estaba en pleno auge. Un paquete superbueno, con la seguridad que él realmente quería, en una empresa con valores más alineados a los suyos y con mejor proyección de carrera.

¿Qué cambió?

Seguíamos estando en España, mismo mercado, misma situación económica. Entonces, ¿qué cambio?

¡Cambió su mentalidad!

Dejó ir los problemas cotidianos de su empresa, se abrió a nuevas posibilidades mucho más allá de su zona de confort, pero todo esto ocurrió solo en su mente.

¿Lo ves?

El seguía estando ahí en su puesto de trabajo, la realidad era la misma, pero la mentalidad no. Aun en su puesto, con sus responsabilidades de trabajo y de familia, consiguió aquella oportunidad que él buscaba, pero que no creía posible por su edad, por el sector, etc.

Eso solo ocurre cuando ya se han dejado caer todas las creencias limitantes, donde lo imposible se vuelve posible.

Una mentalidad sin creencias limitantes, entrenada a avanzar aun con miedos, lista para atreverse con confianza de que las cosas salen, eso es lo que hace falta. En el momento en el que Jorge se atrevió y de verdad tomo la decisión de pasar a otra cosa: todo se alineó.

Esa es la magia de estar alineado consigo mismo.

La transición igual hay que vivirla, los altos y bajos, el no saber, las dudas; todo eso es inevitable. Pero tener una mente abierta y ser un canal energético limpio para recibir eso es lo que hace que pase hasta lo imposible.

Hack Mental:

Cuando abres la mente a lo posible, no hay vuelta atrás: Repite conmigo.

"Todo es posible con la intención correcta".

Capítulo 14: ¿Qué puedes esperar de la transición?

Cayendo en cuenta de lo que pasa

Me gustaría que pensaras en algún momento en tu vida qué haya sido muy importante para ti, y que además haya cambiado todos tus paradigmas. Puede ser cuando nació tu primer hijo, cuando te fuiste del país, cuando decidiste hacerte una cirugía importante (por razones de salud o por estética), cuando terminaste una relación que no te convenía, no sé, piensa en algo que hayas vivido y que para ti haya sido transcendental.

Y te pido que recuerdes como cómo te sentiste cuando te diste cuenta de que realmente las cosas se estaban dando. Esa mezcla de susto con alegría, de miedo, pero de orgullo, de incertidumbre, pero a la vez de calma. ¡Todas las emociones que emergen, y uno realmente no sabe cómo definir cómo se siente! ¿Lo recuerdas?

Reinventarse profesionalmente con verdadera autenticidad también es una decisión que rompe paradigmas, que nos transforma no solo profesionalmente sino personalmente, y sin duda, también tiene un proceso. Es muy sencillo decir: "Sí, quiero reinventar mi carrera"; pero cuando comienzas los pasos de las partes 1, 2 y 3, todo es tan emocionante que no siempre tienes tiempo para tomarte un minuto para decir: ¡miércoles! ¡En realidad estoy haciendo esto!

Esta es la razón por la que agregué esta parte, que en realidad es algo para practicar desde el día 1. ¡Se trata de preparar tu mente para el éxito! Abrir tu mente para crear posibilidades, volverte flexible para adaptarte a los cambios, conectarte al mundo para activar tu creatividad y, sí, también activar tu determinación, tu paciencia y tu resiliencia para hacer de este proyecto una realidad.

En mi planteamiento con este libro, y con mis programas de coaching y formación, mi intención siempre es llevarte a la alineación. Todo tu ser (mente, cuerpo y alma debe estar alineado con tu nueva meta.

Estar alineado en tu mente quiere decir ser consciente, resistente, determinado y perseverante. Tu mente es la creadora y a la vez saboteadora de todo objetivo, estar consciente de tus pensamientos y crearte mecanismos para fortalecerla será un paso crucial en este camino.

Estar alineado en tu cuerpo significa mantenerte activo, saludable y fuerte. Es cuidarte, ya que tu cuerpo es tu único vehículo en este plano físico y estará contigo siempre. Es saber entender tus propios ciclos, tus tiempos y saber cuándo estas disponible físicamente, cuándo parar y cuándo seguir.

Estar alineado en el alma es recordarte a ti mismo tu gran "porqué", vivir tu propósito interno y externo, y tener presente lo que le da sentido a todo este cambio y a la nueva realidad que estás construyendo.

Siempre sé vigilante de tu sistema de creencias. Habiendo averiguado lo que quieres, teniendo identificadas tus competencias para agregar valor al mercado, y habiendo hecho un plan de acción, todo puede posponerse (o abandonarse muy fácilmente, si no crees que puedes lograrlo. Es extremadamente importante creer en ti mismo, entender que te mereces este cambio positivo, que, en realidad, no es un cambio: ¡es volver a tu casa, es volver a tu autenticidad, es reactivar tu libertad!

Y en este proceso de caer en cuenta, una de las herramientas que más aplico, y hasta que más disfruto, ¡es ser agradecida! Agradecer cada pequeño paso, cada recurso, cada hito y cada pequeño logro. Felicitarse y celebrar las etapas, es simplemente invalorable, y te recomiendo que lo agregues a tus prácticas en esta transición.

Cambiar de carrera, emprender, encontrar un nuevo trabajo o conseguir un ascenso requiere tener una estrategia. Pero, lo más importante, ¡requiere tener una mentalidad fuerte! Requiere tener no solo un deseo firme de tener el control de tu vida profesional, sino también ser lo suficientemente fuerte en tu mente para seguir adelante sin importar lo que pase.

Tu próximo paso en tu carrera está ocurriendo, ¡esto es un hecho! Pero no sucederá de la noche a la mañana. El cambio, especialmente los cambios como los estamos abordando aquí (sólidos, que te empoderan y alineados contigo mismo, toman tiempo.

En ese período de tiempo habrá muchos altibajos, surgirán miedos, fuerzas fortalecedoras te empujarán hacia arriba, nuevas ideas te van a iluminar, a veces estarás ansioso y a veces emocionado, es posible que quieras tirar la toalla, es posible que quieras cambiar de opinión o posponer todo. Es posible que tengas que reducir la velocidad y en otros momentos querrás acelerar.

Lo que es seguro es que tu carrera no es lo único que cambia aquí: tú también estás cambiando. Este es un proceso de transformación total, que te llevará de donde estás a donde quieres estar, permitiéndote no solo manifestar mejores condiciones para el desarrollo de tu carrera, sino también asegurarte de convertirte en una mejor versión de ti mismo.

La intención de este paso es prepararte para atravesar el cambio con tantas herramientas como sea posible, para que tengas éxito en la transición de tu carrera y aproveches al máximo todo el proceso de crecimiento.

¿Y a quién no le gusta una buena montaña rusa?

Bueno, aquí entre nosotros, a mí no siempre me gustaron las montañas rusas, de hecho, ¡me daban miedo!

Recuerdo cuando era niña y me llevaban a los parques, mi papá, mi mamá y mi hermana se montaban en todas las montañas rusas de cualquier tamaño y cualquier velocidad. Yo siempre me aguantaba la fila con ellos, pero los esperaba al final, cuando todos se bajaban del carro despeinados, con cara de susto, y a la vez de felicidad, y la adrenalina en millón en esos cuerpos.

Con el tiempo olvidé el miedo, y recuerdo que fui a Orlando (Florida), ya de adulta. El primer parque que visitamos fue el SeaWorld, y finalmente nos montamos los cuatro (mamá, papá, mi hermana y yo) en una montaña rusa que se llamaba Shikra. ¡Tenía la peor caída libre, los tornillos de la muerte y la velocidad que te deja la cara más lisa que el bótox! Me bajé de ahí diciéndome: "¡para qué me puse a inventar y montarme en esta broma! (bueno las palabras que usé fueron mucho más fuertes, pero no voy a plasmarlas en un libro).

El caso es que terminé de pasar el día viendo animalitos y Shamu (la orca) hacer sus espectáculos, y en algún momento me dije: "me quedan 12 días de viaje y por lo menos 7 parques más, y los otros tienen muchas montañas rusas, aquí aplica eso de "¡si no puedes contra ellos, úneteles! (en mi país diría: ¡o corres o te encaramas!).

Al día siguiente en otro parque, dándomela de valiente, me monté en otra montaña rusa, esta vez me senté al lado de mi papá y, cuando vio mi cara de susto y de inseguridad, me dijo: "la clave es tener los ojos abiertos durante todo el camino, para que puedas ver bien lo que viene y acomodar bien la cabeza para evitar el mareo, y luego, ¡gritar! Grita lo que quieras y saca el miedo de tu cuerpo".

Hoy las recuerdo como una de las vacaciones más divertidas con mi familia. No solo me atreví a montarme en otras montañas rusas, sino que hoy me encantan, las disfruto un montón, y tengo una memoria llena de recuerdos divertidísimos y espectaculares en cada una.

Todos somos diferentes y, por lo tanto, cada transición de carrera es diferente, cada montaña rusa es distinta, con más o menos caídas libres, más o menos tornillos, más o menos rápidas. Y algunos la disfrutarán más que otros. Unos las vivirán con más miedo o más estrés, a otros la adrenalina los va a llevar de cabeza, y otros pasarán el camino gritando y riéndose.

Esta será tu montaña rusa y tu historia. Sin embargo, hay ciertos patrones que son comunes cuando pasamos por un cambio de carrera, y quiero comentártelos aquí, para que, como me dijo mi papá, puedas tener los ojos abiertos todo el tiempo y acomodarte mejor.

La primera parte, que es común a todos, es el momento de dejar tu trabajo actual. A menos que hayas tomado una baja por enfermedad o que hayas sido despedido sin previo aviso, para la mayoría de las personas en transición de carrera tomar la decisión de decir adiós es muy difícil.

¡El mejor momento para renunciar a tu trabajo es cuando estás listo!

Muy obvio, ¿verdad?

Pero ¿qué quiero decir con listo? Bueno, hay un par de señales a seguir:

Primero, tú conoces tu trabajo y tus responsabilidades. Puede haber algo que te gustaría cerrar antes de irte, puede haber alguien a quien no quieras dejar colgando, puede haber un reemplazo a quien quieras o tengas que capacitar, o simplemente estás limitado por fechas específicas, como algún viaje, una reubicación, una mudanza, etc. La primera señal es entonces medir tus tiempos en función de las cosas que son importantes para ti y de "cómo quieres irte" de ese trabajo.

Segundo, a veces simplemente lo sentimos, lo sabemos. He visto casos en los que todo estaba planeado, el momento parecía ser el correcto, todas las contingencias habían sido cubiertas y, sin embargo, la persona no estaba lista. Por el contrario, he visto casos en los que nada estaba listo y la persona simplemente renunció, porque la "corazonada" era más fuerte y no había necesidad de planificar con anticipación.

En este libro, te estoy dando todas las herramientas para que te prepares, pero solo tú sabrás exactamente cuándo será el mejor momento. La segunda señal es entonces cuando identifiques que estás disponible física, mental y emocionalmente para la nueva realidad.

Y ya, por último, independientemente del trabajo que dejes atrás, ya sea en el mundo corporativo, en instalaciones médicas, en un entorno académico o en cualquier otro, todos tenemos rutinas y nuestra mente se acostumbra a los hábitos. Tenemos un lugar al que ir, gente que vemos todos los días, un sitio donde comemos, a donde vamos después del trabajo, la ruta para ir al trabajo es probablemente parte de esa rutina y tus prácticas en casa, cuando haces teletrabajo también son parte de tu rutina.

Cuando hacemos una transición de carrera, tenemos que darle tiempo a nuestra mente para adaptarse al nuevo entorno y a la nueva forma de trabajar, para crear nuevas rutinas, pero lo más importante, para entender que ya no hay necesidad de hacer lo que solíamos hacer. Entonces, tómatelo con calma, puede llevar algo de tiempo, especialmente si permaneces en tu ciudad y en tu área.

La segunda parte de la transición es el proceso real de pasar por el cambio. Debido a que todos somos diferentes y no hay dos procesos de transición de carrera idénticos, es posible que experimentes, o no, algunas de las siguientes fases de adaptación:

- *Abrumarse:*

Esto sucede al comienzo de la decisión de cambiar de carrera, porque hay mucho que hacer: construir las bases, evaluar tus habilidades, analizar el mercado, preparar tus herramientas de marketing y planificar tu transición. Si este proceso se hace con la ayuda de un coach o un orientador laboral, por supuesto, se vuelve mucho más fácil de manejar, ya que esta persona te ayudara a ver lo que tú no ves por ti mismo, y lo tendrás de soporte en momentos de dudas y miedos.

Sentirse abrumado también ocurre después de haber realizado los pasos de las primeras 3 partes de este libro, porque comienza el proceso de "hacer", comienzas a tomar acción. A pesar de que tienes un plan y hay una fórmula paso a paso, al principio simplemente hay mucho que hacer y todavía estamos lejos de nuestra meta. Por este motivo, es normal sentirse un poco saturado.

¿Cómo gestionar el agobio? Intenta volver a tu planificación, da un paso a la vez, revisa periódicamente tu trayectoria profesional y tu plan de acción para comprobar lo que has hecho y, sobre todo, celebra cada "hecho" en tu planificación. Te recomiendo, por supuesto, estoy algo sesgada con esto, conseguir un coach de carrera o un mentor, que te apoye en la mayoría de las etapas. Decidas lo que decidas, no te quedes aislado.

- *El estrés y la ansiedad:*

Bueno, cómo no ver esto venir, ¿no?

¡El estrés y la ansiedad se producen como consecuencia de sentirse abrumado, ¡es normal! Otra cosa que produce estrés es lo que naturalmente nos cuesta hacer. Por ejemplo, algunas personas se estresan naturalmente con los procesos administrativos; yo soy una de ellas. No me gustan los trámites administrativos, me estresan y casi inmediatamente me ponen nudos y contracturas en el cuello y espalda.

Si alguien es así como yo, y está creando una empresa, necesariamente tendrá que lidiar con cuestiones administrativas, legales y fiscales, y eso le va a causar estrés.

Esto es absolutamente normal, como todo en la vida; incluso cuando estamos construyendo una carrera basada en nuestros valores y propósito de vida, hay algunas cosas que no disfrutamos.

Recuerda que, como lo vimos antes, la idea de vivir el presente con propósito es estar en el disfrute o, como mínimo, en la aceptación. Si hay actividades o tareas que no puedes hacer en servicio de lo que estás creando y que, más bien, te rompen, te recomiendo delegarlas, obtener ayuda profesional, cuando sea necesario, y buscar siempre apoyo, no quedarte en tu esquina ni tratar de abarcarlo todo, porque te vas a drenar sin necesidad.

Por último, la ansiedad se puede producir cuando aún no vemos resultados, especialmente en las etapas muy tempranas del cambio de carrera. Si eres un poco como yo, ¡quieres ver resultados desde el momento cero! Bueno, eso no va a suceder.

¡Dale tiempo!

¿Cómo superar el estrés y la ansiedad?: medita, visualiza tu resultado, mírate como si ya lo hubieras logrado, y practica técnicas de respiración. Reconéctate siempre con tus valores y tu "porqué", y recuerda que hay una curva de aprendizaje, ¡Pero tienes que aceptarla y vivirla!

- *Desesperación vs Emoción:*

Esto es parte de los altibajos, de la montaña rusa, que casi todo el mundo experimenta.

Hay momentos en los que te sientes desesperado, porque no pasa nada (no consigues ese trabajo, aún no tienes clientes, te hacen esperar, etc.).

En otras ocasiones pasan cosas, que, aunque pequeñas, las ves enormes y te emocionan (a alguien le gustó y compartió algo que publicaste, recibes una llamada para una entrevista, tienes un primer prospecto, etc.). Pero todavía no sucede nada importante y decisivo.

Bueno, esto es absolutamente parte del proceso, no hay transición sin él. No es que estás echando para atrás cada vez que sientas frustración: es que es parte del camino. Vívela, obsérvala, siéntela y déjala ir. Lo mismo con la alegría: vívela, obsérvala, siéntela y déjala ir, nada es para siempre.

¿Cómo superar esta etapa?

Mi consejo es simple: rodéate de otros profesionales en transición para que compartas tu historia, tus pequeños éxitos y tus preocupaciones.

¡Hay excelentes ideas que se pueden tomar de personas que ya han estado allí!

Además de eso, sigue practicando técnicas para manifestar lo que quieres, mide tus resultados, disfruta y celebra tus primeros triunfos, permítete cerrar ciclos.

- *Emoción y gratitud:*

¡Esta es la etapa en la que finalmente ves resultados! Conseguiste ese trabajo, lanzaste tu empresa y tienes tu primer cliente de pago, te llaman para prestación de servicios, porque ya te empiezan a conocer, etc. Hay un momento como este para todos los que hacen la transición de una carrera y aguantan allí hasta el final del proceso de transición.

Mi comentario sobre esta etapa es muy simple: Recibe, disfruta, celebra, ¡agradece! Sé agradecido y mantente agradecido.

La gratitud tiene un efecto multiplicador; cuanto más estés agradecido por tus resultados, más los verás volver a ti.

Hack Mental:
La claridad no es solamente mental, es emocional. Recuérdate siempre esto:

"Tengo consciencia de mis emociones, las acojo, pero no me dominan."

La psicología de la transición de carrera

Además de los muchos altibajos producidos por las diferentes etapas mencionadas anteriormente y por tener que cambiar hábitos, hay algunos comportamientos comunes entre las personas que cambian de carrera.

Un transformador de carrera es alguien que, por concepto, está explorando nuevas opciones. Es normal no poder dormir a veces, porque estamos demasiado preocupados, creativos o demasiado emocionados. Es importante cuidarte y tratar de mantener tus horas de sueño, pero no te sientas culpable si no pasa.

Otra cosa que pasa es tener ideas brillantes de repente. Podrías estar dándote una ducha, tienes una idea y tienes que salir de ahí para escribirla antes de que se te olvide, o simplemente te despiertas en medio de la noche con algo que te ha iluminado. Esto sucede porque estás trabajando en ti mismo, tomando conciencia de tus habilidades, tus valores y lo que es significativo para ti. Estás cambiando y creciendo a lo largo de este proceso.

En otro orden de ideas, alguien que transforma su carrera puede mostrar problemas de baja autoestima y confianza en sí mismo. Esto se produce en su mayoría, porque no tenemos suficiente experiencia en la nueva carrera, o sentimos que no tenemos lo que hace falta para tener éxito, o nos comparamos con personas que llevan años haciendo ese trabajo.

Esto es absolutamente normal, la autoestima y la confianza se construyen con el tiempo, especialmente cuando obtenemos nuestros primeros resultados. Recomiendo de nuevo la ayuda de un coach y hablar con gente que ya haya hecho el cambio. Esto ayuda a proyectarte con aceptación de tus tiempos y de tu experiencia

Otro comportamiento común es la procrastinación. Incluso la persona más eficiente pospone las cosas en algún momento durante una transición de carrera. En este contexto, la postergación ocurre por dos razones: por miedo o por aburrimiento.

Cuando el miedo comienza a surgir y dejamos que nos domine, nos congelamos. Esto significa que detenemos todas las acciones que se supone que debemos realizar. Puede haber algunas creencias limitantes en nuestra mente que también nos impiden avanzar. En cualquier caso, la mejor opción es no hacer nada, por lo que procrastinamos. Este es un modo de autodefensa que está activado. No es algo malo, a menos que dejemos que sea permanente.

Si posponemos las cosas por dudar de nosotros mismos, lo mejor que podemos hacer es detenernos y pensar, ¿qué me está diciendo este miedo? ¿De qué me sirve ese miedo?

Recuerda que el miedo es solo un estado mental, no es tangible, no es real, pero libera una emoción que contiene información (¿miedo a qué?). Esta información es necesaria para que podamos seguir adelante.

A veces los miedos no son el problema, posponemos las cosas, porque simplemente no queremos continuar. Cuando nos enfocamos solo en una cosa, y hacemos solo esa cosa, ponemos todas nuestras energías en esa cosa. Energías positivas y negativas. Incluso la cosa más emocionante que hacer, cuando hacemos solo eso, nuestra mente se aburre después de un tiempo.

Por eso es importante tener un equilibrio. Destina algunas horas al día para descansar, hacer deporte, pasar tiempo con amigos y familiares, y, tal vez, salir de vacaciones. Oxigena tu cerebro y mantente socialmente activo. El aislamiento y el 100% de concentración en una sola cosa no suele ser la mejor estrategia, al contrario de lo que mucha gente piensa.

Estos son solo algunos consejos para que sepas qué esperar de tu transición. Pero recuerda que cada proceso es único y que tú eres único. Te estoy dando las herramientas y la información para que estés listo, pero lo más importante, para que seas consciente de tu propio proceso, dificultades, emociones y pensamientos.

Hack Mental:

Tú tienes los recursos que hacen falta para lograr tu reinvención profesional en tus términos. Recuérdate siempre:

"Yo estoy en control."

Capítulo 15: Las 5 reglas de oro para una reinvención profesional exitosa

Cerrando para iniciar un nuevo camino

Cierro este libro, mi primer libro, con lo que sé, con mi mejor intención y con el corazón abierto. Para que tú, como mis clientes y yo lo hemos hecho, te permitas diseñar una vida profesional con sentido.

Según mis aprendizajes como coach y, más aún, según mi experiencia personal, te dejo lo que llamo las 5 reglas de oro para reinventar tu carrera con intención y éxito.

Regla número 1: Aprovecha todo lo que tienes.

No existe el tiempo perdido.

Cada experiencia, cada diploma, incluso cada período de desempleo se puede capitalizar. Hay un resultado del aprendizaje en todo lo que hacemos.

Incluso las experiencias más cortas, o esas cosas que estudiamos aunque no sabíamos muy bien por qué, e incluso las personas que están en nuestra vida durante un tiempo, están ahí para traernos algo, algo que íbamos a necesitar en la vida más adelante.

Y, sin esas experiencias y esas personas, no podrías tener éxito en el siguiente paso.

Regla número 2: Define una dirección.

Cuando sepas lo que quieres, tu mente te llevará allí.

Si ese objetivo es verdaderamente auténtico y tú estás alineado con esa meta, los recursos que necesitas surgirán en el lugar y en el momento correctos. Parece magia, es muy intangible, pero pasa siempre. Yo no siempre logro explicarlo, así que asumo que, es porque funcionan todas esas teorías de la física cuántica, las leyes del universo y la programación mental. La verdad es que llega un punto en que no me importa explicarlo, solo sé que, cuando tengo un objetivo claro, lo demás se arregla.

Lo mismo pasará para ti.

Estoy demasiado segura de esto.

Regla número 3: Respeta el momento de la transición.

La transformación no ocurre de la noche a la mañana.

Para cambiar tu realidad actual debes cambiar tu forma de pensar, adoptar nuevos hábitos y abrazar nuevas perspectivas. ¡Esto lleva tiempo! La persistencia y la determinación son claves para triunfar. Pero, si algo es seguro, es que, cuando tienes una meta de reinventarte, nunca vuelves a ser la misma persona; en esencia sí lo eres, pero serás mucho más rica mental y emocionalmente.

Cada proyecto de reinvención es diferente y cada persona es diferente, pero no he visto una sola reinvención que no transforme a la persona que la vive, que no la haga más fuerte, que no la haga más creyente de sí mismo.

Ya solo por esto vale la pena reinventarse, porque sabrás que, cuando pase el tiempo, habrás ganado recursos que te permitirán hacer lo que quieras, cuando quieras.

Regla número 4: Sé leal contigo mismo.

La única persona que estará contigo toda tu vida eres tú.

Elige una carrera que esté alineada con tus valores, personalidad y mejores habilidades.

Respeta a los demás, pero sé leal a ti primero. Nadie sabe mejor que tú lo que te conviene, ni las personas más cercanas, ni los que crees que quieren lo mejor para ti.

Nadie.

Si confías más en tu criterio y en su sabiduría interna, verás que tienes todas las respuestas. Y, pase lo que pasa con el mundo afuera, con las personas que van y vienen a tu vida, tú estarás ahí sólido, alineado y listo para lo venga.

Y te aseguro que, mientras más te seas fiel a ti mismo, y más estés alineado contigo, tendrás siempre personas alrededor que te llevarán a tus objetivos, te impulsarán y querrán crecer contigo. Yo aprendí esto de la forma más dura, pero es gracias a esas experiencias como puedo compartir contigo esto hoy con toda la convicción del mundo.

Regla número 5: Ten fe.

Todos hemos pasado por malos momentos y, sin embargo, aquí estamos de pie.

Ten fe en el hecho de que las acciones que estás tomando hoy te llevarán a donde quieres estar. Tanto el miedo como la fe no se basan en nada tangible. El miedo es lo que te mantiene estancado, mientras que la fe es lo que te hace moverte. ¡Elige avanzar hacia tu objetivo!

Entonces, ¿a qué quieres renunciar y qué quieres ganar?

Los creyentes dicen que la fe mueve montañas.

Para los que no son tan creyentes, o como yo, que no soy tan practicante, te cuento que mi sistema de creencias me ha llevado a 3 países distintos, a cambios de carrera exitosos, a emprendimientos prósperos, a alcanzar objetivos financieros que nunca imaginé posibles, a clientes espectaculares, a colegas que inspiran, sin contar que siempre he tenido amigos invalorables, compañeros de vida que han estado ahí para lo que más necesito, y una familia irremplazable.

Hoy sé que las oportunidades son infinitas.

Montañas no sé, pero de que la fe mueve cosas, las mueve.

Sobre la Autora

Jessica Rojas Liscano es mentora, conferenciante y formadora especializada en desarrollo de talento y transformación profesional.

Nacida y criada en Venezuela, Jessica se mudó a Francia en 2009 en busca de mejores oportunidades personales y profesionales. Su vasta experiencia trabajando con un público internacional ha cultivado una profunda sensibilidad hacia las necesidades individuales y una habilidad especial para identificar y nutrir el talento.

Economista de la UCAB Caracas, Venezuela, Jessica cuenta con un MSc. en Marketing Internacional de Rennes School of Business (Francia y un MBA en Emprendimiento de Paris School of Business. Está certificada como Facilitadora de Cambio con PNL, Coach Internacional con PNL y Practicante en PNL. Jessica también se ha formado con los reconocidos co-creadores de la PNL, John Grinder y Carmen Bostick, así como con Michael Carroll, director de la NLP Academy.

Habiendo vivido en Venezuela, Francia, Alemania y España, Jessica habla con fluidez español, inglés y francés, y ofrece capacitaciones, coaching y conferencias en estos tres idiomas. Con sede en Madrid, pero trabajando a nivel global, ayuda a profesionales a crecer, los apoya en lograr transiciones profesionales exitosas y a diseñar una vida profesional con consciencia y alineación.

El viaje de Jessica es un testimonio del poder de la reinvención. Desde ser estudiante internacional, emigrante, emprendedora, empleada, franquiciada y freelancer, ha explorado diversas opciones de carrera y ha guiado exitosamente a miles de personas en coaching uno a uno a través de sus transiciones profesionales. Su trabajo abarca el acompañamiento en la estrategia y en la mentalidad necesaria para la evolución profesional, el cambio de carrera, la recuperación y reinvención luego de un burnout, el emprendimiento y otras transformaciones profesionales.

La pasión de Jessica radica en enseñar y compartir historias que inspiren a otros a seguir carreras que realmente les llenen, sin importar de dónde vienen, ni cual sea su historia. Ella cree que la vida está tan llena de cambios como de oportunidades, y está dedicada a ayudarte a descubrir y aprovechar las tuyas.

Conéctate con Jessica y sigue su viaje de reinvención en:

LinkedIn: Jessica Rojas Liscano

Sitio Web: jessicarojasliscano.com

YouTube Español:

https://www.youtube.com/@JessicaCoachingProfesional

Instagram Español:

https://www.instagram.com/jessicarojasliscano

Bibliografía

Demartini, J. (2013). *The Values Factor.* Nueva York: The Berkley Publishing Group (Penguin Group)

Csikszentmihalyi, M. (1990). *The Flow: The psychology of optimal experience.* Nueva York: HarperCollins Publishers

Garcia, H. y Mirailles, F. (2017). *IKIGAI, The Japanese Secret to a long and Happy Life*. Londres: Hutchinson.

Canfield, J. (2005). *The Success Principles.* Nueva York, HarperCollins Publisher

Coello, P. (1997). *El Alquimista.* (ed. 78) Colombia, Ediciones Obelisco.

Kiyosaki, R. T. (2012). Rich Dad's Cashflow Quadrant: Guide to Financial Freedom. Estados Unidos: Plata Publishing.

Kiyosaki, R. T. (2019). Rich Dad Poor Dad. Estados Unidos: Blurb, Incorporated.

Hill, N. (2009.) *Think and Grow Rich.* Connecticut: Martino Publishing.

Breuning, L. G. (2015). Habits of a Happy Brain: Retrain Your Brain to Boost Your Serotonin, Dopamine, Oxytocin, & Endorphin Levels. Estados Unidos: Adams Media.

Sinek, S. (2011). Start With Why: How Great Leaders Inspire Everyone to Take Action. Reino Unido: Penguin Books Limited.

Tolle, E. (2012). Una nueva tierra: Un despertar al propósito de su vida. Argentina: Penguin Random House Grupo Editorial Argentina.

Teilhard de Chardin, P. (1955). *Le Phénomène Humain*. Paris: Editions du Seuil.

Byrne, R. (2011). The Secret. Reino Unido: Simon & Schuster Australia.

Grinder, J y Bandler; R. (1975). *The Structure of Magic: A Book About Language and Therapy.* University of Michigan: Science and Behavior Books.

Ofman, D. D. (2013). Core Qualities and the Core Quadrant. Holanda: Core Quality International.

Goleman, D. (1995). Emotional intelligence. Reino Unido: Bantam Books.

Salovey,P y Mayer, J. (1990) *Emotional Intelligence*. Publicado en: "Imagination, Cognition, and Personality". Volumen 9, edición 3

Cooper, R y Sawaf, A (1997) Executive EQ: Emotional Intelligence in Leadership and Organizations. Londres. London Orion Business Books.

Emoto, M (2004). The Hidden Messages in Water. Nueva York: Atria Books.

Fischman, D. (2004). El Camino Del Lider. Argentina: Alfaguara S.A. de Ediciones.

Dilts, R. (1990). Changing Belief Systems with NLP. Estados Unidos: Meta Publications.

Beckwith, M. (2013). Life Visioning: A Transformative Process for Activating Your Unique Gifts and Highest Potential. Estados Unidos: Sounds True.